STRALSUND

Blick vom Glockenraum der Marienkirche zum Strelasund

STRALSUND

99 MAL ENTDECKEN

mit Sandra Pixberg

mitteldeutscher verlag

Inhaltsverzeichnis

Zentral (Altstadt und Hafen) 1 Gorch Fock **9** 3 Hafeninsel **17** 4 Nikolaikirche **21** 5 Fährstraße **25** 7 Bronze-Pietà von Ernst Barlach **31** 8 Perform(d)ance **33** 9 Wasserspiel auf dem Alten Mark **35** 10 Wallensteintage **37** 11 Ernst von Haselberg **39** 12 Renaissance-Portal **41** 13 Öffentliche Bänke vor der Kirche im Ordnungsamt **43** 14 Historisches Warenhaus Wertheim **45** 16 Hackertscher Tapetensaal **49** 17 Stralsunder Mittwochsregatta **51** 18 Segelyacht Merit Amun **53** 19 Segeln nach Hiddensee **55** 20 Kneipe „Zur Fähre" **57** 21 Tagesausflug nach Hiddensee **59** 22 Galerie am Hafen – „Kompanie Kabruusch" **61** 23 Pinguine im Ozeaneum **63** 24 Speicher im Hafen **65** 25 Landschaftsmalerin Antonie Biel **67** 26 Kajak-Tour von Altefähr nach Stralsun **69** 27 Marienkirche **71** 28 Museumswerkstatt „Spielkartenfabrik" **73** 29 Geschichte der Stralsunder Werft **75** 30 Ehemaliges Scharfrichterhaus **77** 31 Am Wulflamufer **79** 32 Kunstatelier Strahlwerk **81** 33 Stolpersteine **83** 34 Stadttore **85** 35 Wallenstein-Spielplatz **87** 36 Bürgergarten **89** 44 Stadtbibliothek **104** 45 Ateliergemeinschaft Kalypso **105** 46 ABC Antiquariat und Buchhandel **106** 47 Badstüberstraße **107** 48 Stadtführungen bei Nacht **108** 49 Mägdebrunnen **109** 50 Sauna im Scheele-Hof **110** 51 Külpstraße **111** 52 Johanniskloster **112** 53 Sterbeort Schills **113** 54 Bechermacherstraße **114** 55 Cartoon-Museum **115** 56 Altstadt bei Nacht **116** 57 Café Hühnergott **117** 59 Einkaufen in der Heilgeiststraße **119** 60 Historisches Händlerhaus **120** 61 Strandläufer Verlagsbuchhandlung **121** 62 Kulturkirche St. Jakobi **122** 63 Pfarrer Mohnike – Begründer der Skandinavistik **123** 64 Lambert-Steinwich-Denkmal **124** 65 Marienstraße **125** 66 Design- und Fotostudio Rotwang **126** 67 Stralsunder Fayencen **127** 68 Souvenirladen „Strandgut" **128** 69 Die Suppenmacher **129** 70 Very British – Tee Boutique **130** 71 Mittelalterrestaurant „Wallensteinkeller" **131** 72 Pension „Altstadt Mönch" in der

Mönchstraße **132** 73 Gotisches Giebelhaus **133** 74 Kaffeerösterei „Monopol" **134** 76 Wasserstoff Segelmacherei & Gastronomie **136** 77 Eisladen „Altes Zollhaus" **137** 78 Badenbrücke **138** 79 Stralsunder Hafen – Leckereien aus dem Meer **139** 80 Heilgeistkloster-Viertel **140** 81 MeeresTon Keramik **141** 82 Öffentliche Bänke im Hafen **142** 83 Querkanalbrücke **143** 84 Hotel „Kontorhaus" **144** 85 Silo III und Parkhaus **145** 86 Gaststätte „Zum Goldenen Anker" und Tanzbar „Werkstatt" **146** 87 Weltkulturerbe – die Stralsunder Altstadt **147** 89 Stadttheater Stralsund **149**

Nördlich 2 Friedhof St. Jürgen **13** 6 Stadtpark Brunnenaue **29** 15 Die Malerin Elisabeth Büchsel **47** 88 Ernst-Thälmann-Statue **148** 90 Bäcker Krämer **150** 91 Stralsunder Strandbad **151** 93 Graffitis auf DDR-Bushaltestellen **153**

Östlich 26 Kajak-Tour von Altefähr **69** 41 Holzskulpturen Raik Vicent **99** 42 Insel Dänholm **101** 58 Berufsfischer Wollna **118** 75 Stralsunds Silhouette **135** 96 Rügen-Fähre **156** 97 Halbinsel Drigge **157** 98 Rügens Süden – verkanntes Hinterland **158**

Südlich 43 Ostseeküstenradweg **103** 99 Das alte Dorf Devin **159**

Westlich 37 Stadtwald am Moorteich **91** 38 Textilkünstlerin Jorinde Gustavs **93** 39 Skatepark Grünhufe **95** 40 Wandbilder im Hauptbahnhof **97** 92 Mahnkesche Mühle im Zoo **152** 94 Fischladen „Fisch & Imbiss am Sund" **154** 95 Bioladen „Bio-Insel Stralsund" **155**

BERGEN
STRELASUND
RÜGEN
LOTTO

Das Flair der Freiheit

Zugegeben, rein äußerlich kann es Stralsund mit kaum einer anderen Stadt aufnehmen. Mit ihren gerade mal 60.000 Einwohnerinnen und Einwohnern ist die Hansestadt eher Bummelletzte im Bundesgebiet. Und während andere Städte direkt am Meer liegen, schwappen an ihren Ufern nur die schlaffen Wellen des Strelasunds. Mit ihrer ebenso unbedeutenden Schwester Greifswald liegt Stralsund zudem im ständigen Wettstreit.

Doch sie, und keine andere, ist das „Tor zu Skandinavien". In ihrer langen Geschichte spielen Schweden, Dänemark, der Hafen und Handel eine wichtige Rolle. Auffällig ist der Freiheitswille, der sich wie ein roter Faden durch die Stadtgeschichte zieht. Mit dem Beitritt zum Hansebund 1293, der die Stadt unabhängig von dem Landesfürsten agieren ließ, fing alles an. Als die Hanse 1628 zu schwach war, um die Truppen Wallensteins abzuwehren, unterwarf sich die Stadt nicht dem Landesfürsten. Lieber schloss der Stadtvater ein Bündnis mit den Schweden, das 150 Jahre Unabhängigkeit brachte. Auch die erfolglosen Bemühungen Schills, die Stadt 1809 aus den Klauen der Franzosen zu lösen, gehört zu dieser Luft der Freiheit, die offenbar durch Stralsunds Gassen weht.

Diese Gassen sind es heute, die das einzigartige Flair der Stadt ausmachen. Gleichberechtigt neben den eindrucksvollen Klöstern, den prächtigen Kirchen, den repräsentativen Schaugiebeln, den beeindruckenden Speichern im Hafen.

Und zu den inneren Werten: Die Altstadt ist Weltkulturerbe, aber nicht nur Staffage. Hinter den gotischen Backsteinmauern wohnen echte Leute. Dieses große Freiluftmuseum lebt!

Johann Wilhelm Kinau, der sich als Schriftsteller „Gorch Fock" nannte

Der Krieg und das Meer

1

Gorch Fock
An der Fährbrücke
18439 Stralsund
Tel.: 03831 666520
www.gorchfock1.de

Wahrscheinlich auf einer Lagebesprechung am 29. April 1945 entschieden die zurückgebliebenen nationalsozialistischen Entscheidungsträger, die „Gorch Fock" zu versenken. Durch das Näherkommen der Roten Armee herrschten in der Stadt chaotische Zustände, und sie wollten das Schiff nicht den Sowjets überlassen. Doch schon einen Tag danach, am 30. April, stand die Vorhut der sowjetischen Armee in Sichtweite zur Gorch Fock, in Devin. Ein Panzer beschoss das Schiff über 45 Minuten, aber nur drei Granaten trafen Rumpf und Takelage. Schon am Morgen hatten die Nationalsozialisten Sprengstoff an Bord gebracht, mussten ihn aber, trotz des Beschusses, mit einer Zündschnur zünden. Stunden später sank die Gorch Fock auf den Grund. Nur ihre Takelage ragte aus dem Wasser heraus. Sie lag auf der Position 54° 17′ 28″ N, 13° 8′ 22″ O im Strelasund. Die Gorch Fock I wurde 1933 gebaut. Die Stammbesatzung bildeten neun Offiziere plus 56 Männer. Erstmals lief sie 1935 ihren Heimathafen Stralsund an. Unter der Reichskriegsflagge fahrend, diente sie weniger zu Schulungs-, als zu Wohnzwecken. Kurz vor Kriegsende kehrte sie in die Hansestadt zurück. Über zwei Jahre lag sie gesunken im Strelasund. Im Juni 1947 wurde die Gorch Fock gehoben, wieder seetuchtig gemacht und fuhr doch noch als Reparationsleistung in ihren neuen Heimathafen, den sowjetischen Cherson. „Towarischtsch" (deutsch: Kamerad, Genosse) hieß sie jetzt und wurde das Segelschulschiff der russischen Marine. In den 1990ern lag sie in relativ schlechtem Zustand in der Ukraine im Schwarzen Meer. Der Verein Tall-Ship Friends

Nur ihre Takelage ragte aus dem Wasser heraus.

Die Gorch Fock I in ihrem Ur-Heimathafen

„rettete" sie und brachte sie auf die Expo 2000 nach Wilhelmshaven, wo sie als Flaggschiff im Hafen prangte.

Der Namensgeber des Schiffes hieß mit bürgerlichem Namen Johann Wilhelm Kinau. Er war weder bei der Marine beschäftigt noch hatte sein Beruf etwas mit der Seefahrt zu tun. Eigentlich. Dennoch trieb den Schriftsteller zeit seines nur 36 Jahre währenden Lebens die Seefahrt um. Er kam 1880 in Finkenwerder bei Hamburg in einer Seefahrerfamilie zur Welt. Nachdem er wegen seiner schlechten Konstitution die Seefahrertauglichkeit, die sein Vater an ihm testete, nicht bestand, machte er eine kaufmännische Ausbildung. Doch die Seefahrt ließ ihn nicht los. Zum einen wurde er 1907 Buchhalter der Hamburg-Amerika-Linie, zum anderem veröffentlichte er ab 1904 Gedichte und Erzählungen in dem breiten Finkenwerder Platt unter dem Pseudonym Gorch Fock. Das Leben der Hochseefischer von

Finkenwerder beschrieb er in verherrlichender Weise in dem Roman „Seefahrt ist not!". 1915 wurde er eingezogen, ein Jahr später wechselte er auf eigenen Wunsch zur Marine und tat Dienst als Ausguck auf dem vordersten Mast des Kleinen Kreuzers „SMS Wiesbaden", der bei der Schlacht im Skagerrak 1916 versank.

Nachdem das Museumsschiff 2020 seine Bescheinigung der Schwimmfähigkeit verloren hatte, griff die Hansestadt Stralsund ein und kaufte die sanierungsbedürftige Landmarke. 2023 wurde die Gorch Fock für eine Generalüberholung auf die Werft gebracht. Voraussichtlich zur Saison 2024 wird sie wieder an ihrem gewohnten Platz, dem Hansekai, zu finden sein.

Das Schiff ist ein beliebtes Fotomotiv

Ornamentik und liebevolle Details vom Efeu vereint

Eine Ruhestätte im Märchenschlaf

2

St.-Jürgen-Friedhof
Hainholzstraße 6 a
18435 Stralsund
www.stralsund.de

Efeu-Schlingen, struppige Buchsbaumhecken, Riesenbäume und halb verfallene Backsteinmauern. Das Spiel von Licht und Schatten, das die alten Bäume auf die verzierten Gräber werfen, trägt zu dem Gefühl der Entrücktheit bei. Die Umgebung gleicht einer Traumwelt, in der allerlei Fabelwesen – Elfen, Wichtel, gar Drachen und Einhörner – leben könnten. Doch statt für fantastische Kreaturen dient der heute verwunschene Park seit rund 350 Jahren der letzten Ruhe für Stralsunder und Stralsunderinnen. Im 13. Jahrhundert, als die Stadt in der Entstehungsphase war, gründeten die Brüder von St. Jürgen am Strande (Mönchstraße 40) unweit des heutigen Areals einen Friedhof. Die Brüder pflegten in dem Hospital mittellose Alte und Kranke. Die einflussreichen Bürgerfamilien Stralsunds beerdigte man auf dem Kirchhof St. Marien und St. Nikolai. Da der Friedhof St. Jürgen nahe der Festungsanlagen lag, kam es bei Belagerungen immer wieder zu Verwüstungen. Deshalb wurde er 1675 auf das heutige Areal verlegt. Einige Jahrzehnte danach wurden auch einflussreiche Personen auf dem Friedhof beerdigt. So fand hier Fürstin Luise zu Putbus (geb. von Lauterbach, 1784–1860) ihre letzte Ruhestätte. 1778 verbot die schwedische Regierung Bestattungen innerhalb der Stadtmauern. Damit war St. Jürgen bis 1945 der zentralste Friedhof Stralsunds. Bei der zweiten Erweiterung 1865 legte man eine Grabmal-Mauer in Form eines L an, die die gesamte nördliche Länge (entlang des Knieperdamms) und einen Teil der damaligen hinteren Grenze einnimmt. Daran entlang reihen sich

Das Spiel von Licht und Schatten trägt zum Gefühl der Entrücktheit bei.

Bis 1964 wurde hier offiziell bestattet

heute detailreiche Grabkapellen und Wandgräber. Die imposanten Anlagen zeigen die Bedeutung und den Reichtum der Familien.

Das Jahr 1986 wäre beinahe das Ende dieses geschichtsträchtigen und zauberhaften Ortes gewesen. Gemäß dem Zeitgeschmack war vorgesehen, den alten Friedhof zu einer Parkanlage umzugestalten. Schon wurden zahlreiche Gräber geräumt, aber dann fehlten glücklicherweise die Finanzen für die weitere Zerstörung, und St. Jürgen durfte wieder in seinen Märchenschlaf fallen. Bis nach der Wende, wo es zahlreiche Diebstähle gab. Statuen in Gestalt von Engeln und Jesus, große und kleine Kreuze wurden geraubt, wahrscheinlich nur, um das Buntmetall einzuschmelzen. Die letzte offizielle Beisetzung fand 1964 statt, doch bis 1982 gab es Urnenbestattungen mit Sondererlaubnis. Seit 1990 ist der Friedhof St. Jürgen ein „geschützter

Park", der behutsam und – wegen fehlender Finanzen – nur wenig in Stand gehalten wird. Das älteste Grabmal befindet sich an dem rechten Haupteingang (Hainholzstraße) neben dem ehemaligen Brunnen, der Sockel trägt die Inschrift 1730 oder 1739. Diedrich Johann Longé (1779–1863), schwedischer und preußischer Offizier der Marine und maßgeblich am Aufbau der preußischen Marine beteiligt, fand auf St. Jürgen seine letzte Ruhestätte. Gottlieb Mohnike (1781–1841), Theologe und schwedischer Übersetzer sowie, als eine der wenigen prominenten Frauen, die Malerin Elisabeth Büchsel (1867–1957), als auch Otto Dibbelt (1881–1956), Begründer des Meeresmuseums, sind hier beigesetzt.

Auch die Wandgräber im Backsteingotik-Stil

Alt und neu: Preußischer Backstein trifft Ozeaneum

Von der Hanse, dem Hering, dem Hafen

3

Stralsunder Hafen

www.stralsunder-hafeninsel.de

Noch immer spielt der Hering im Stralsunder Hafen eine wichtige Rolle, jetzt jedoch zwischen Brötchenhälften geklemmt als „take away". Das war mal anders.

Hafen, Hering und Hanse – diese drei Faktoren standen während der Entwicklung von Stralsund in einer engen Beziehung zueinander. Schon im ausgehenden 13. Jahrhundert zeigt die Tatsache, dass es bereits eine Hafenordnung gab, wie wichtig die Stralsunder Anlegestelle war. Keine Hanse ohne den Hafen und kein Hafen ohne den Hering. Der kleine Fisch galt im katholischen Nordeuropa zu dieser Zeit überall im Binnenland als begehrte Fastenspeise. Damals einmal mehr, waren die im Frühjahr und Herbst durchziehenden Schwärme um Rügen herum riesengroß. Kein Mann alleine konnte das prall mit Silberlingen gefüllte Netz an Bord ziehen. Zwischen 1293 und ca. 1500 wuchs die Hanse in Stralsund und wurde mächtiger. Ursprünglich war sie ein Netzwerk zum Schutz vor den Landesherren, gegen Raubritter und Piraten. Anfänglich bestand dieses Schutzbündnis nur zwischen Lübeck, Wismar und Rostock (ab 1259). Das lag daran, dass Stralsund als Handelspartner nicht infrage kam, weil die Lübecker zehn Jahre davor Stralsund überfallen, geplündert und zerstört hatten.

Heute reicht der rote Backstein bis zu 40 Metern in den Himmel.

Um 1500 nahmen die Heringsbestände ab, Amerika war entdeckt und die damit einhergehende Entwicklung von Spanien, Frankreich, England und den Niederlanden verschob die globalen Wirtschaftskoordinaten langsam. 1628 konnte die Hanse der Belagerung durch Wallenstein nichts mehr entgegen-

Die nördliche Hafeninsel in den 1920er Jahren

setzen. Stralsund und seine Umgebung fielen an Schweden. Über 150 Jahre ging es beschaulich zu in der schwedischen Kolonie. Es wurden Türme errichtet, die die dahinterliegende Stadtmauer überragten. Diese sogenannten Bastionen dienten als Aussichtsturm, um den Feind auf dem Strelasund oder auch auf dem Landweg früh zu erspähen. Rund um das, was heute Altstadt ist, gab es 14 Bastionen, sechs davon auf der Sundseite, die restlichen acht sicherten die Landseite jenseits des Franken- und des Knieperteichs ab.

Dann, 1815, wurde die Region Preußen zugeschlagen und mit Eifrigkeit baute man den Hafen und die Stadt in Windeseile aus. Die beiden Hafeninseln sind in den Jahren 1862 bis 1888 durch Verbreiterung des ehemaligen Festungsgrabens auf 22 Meter und durch die Aufschüttung des dabei anfallenden Erdreichs entstanden. Seit 2021 wird das gesamte Hafenareal umgestaltet. Nicht nur alle Oberflächen werden erneuert. Die größte Veränderung betrifft die gesamte Seite zum offenen Wasser beziehungsweise zu Rügen hin. Auf dem Hansekai werden große Stufen entstehen, auf denen Gäste und Einheimische gemütlich sitzen, dabei die Aussicht auf Altefähr und die Rügenbrücke genießen können. Platz für die Jahrmärkte mit ihren Buden wird es dennoch genug geben. Hinter den historischen Speichern verbirgt sich ein Parkplatz, doch auf diesem Areal, dem „Quartier 65", soll in Zukunft neben einem Parkhaus auch ein Hotel mit Schwimmbad entstehen.

Der Langenkanal an einem Sommermorgen

Das imposante Kirchenportal vor der Einrüstung

Die Schatzkammer der Hansestadt

4

St. Nikolai ist die älteste Kirche Stralsunds. Mit der Verleihung des Stadtrechts 1234 begannen die Bauarbeiten, jedoch veranlasste ein Brand oder der Einsturz die Erbauer dazu, die angefangenen Arbeiten am Chor wieder abzureißen.

In reiner Backsteingotik errichtet, die Einheit von Politik und Kirche durch ihre Lage unmissverständlich anzeigend und von jeder Seite repräsentativ – das ist die Nikolaikirche am Alten Markt von außen unzweifelhaft. Nach 80-jähriger Bauphase war die, letztendlich nach französischem Kathedralenschema errichtete, Doppelturm-Kirche 1350 endlich fertig. 1662 brannten die gotischen Turmspitzen ab. Während der Südturm mit seiner barocken Haube über 100 Meter misst, bringt es der, bis heute nur ein flaches Notdach tragende, Nordturm nur auf 56 Meter. Was man aber von außen nicht sieht und bei der schlichten Backsteinarchitektur auch nicht erwartet: Das Innere der Kirche gleicht einer Schatzkammer für Kulturgüter. Reich verziert mit Statuen, Altären, Wandschmuck und Gemälden ähnelt der 85 Meter lange und 30 Meter hohe Kircheninnenraum einem Museum. Vor der Reformation gab es in dieser Kirche 56 unterschiedliche Altäre. Trotz des „Kirchenbrechens", einer Welle der Zerstörung im Zuge der Reformation 1525, die alle Kirchen und Klöster der Stadt erfasste, wurde ein Großteil der wertvollen Inneneinrichtung erhalten. Der berühmten Statue Anna Selbdritt, vor 1280 aus Gips und Eichenholz gefertigt, fehlen seither Gliedmaßen sowie der Kopf des Heiligen Kindes. Es handelt sich dabei um eine Darstellung der Heiligen Anna, der Mutter von Maria. Auf

St. Nikolaikirche

Auf dem St. Nikolai-kirchhof 2
18439 Stralsund
Tel.: 03831 297692
www.kirche-mv.de

St. Nikolai ist die älteste Kirche Stralsunds.

Gottes Auge, Detail des barocken Trennaltars

Annas Schoß sitzt die schon erwachsene Maria in verkleinertem Maßstab. Sie wiederum hält den neugeborenen Jesus im Arm.
Sensationell ist, dass in dieser Kirche die älteste mechanische Uhr der Welt steht: Die Astronomischen Uhr von 1394. In den Ecken um das Zifferblatt sind die vier Weltweisen abgebildet. Links an der schmalen Seitenwand verewigte sich der Erbauer Nikolaus Lilienfeld (ca. 1350 bis ca. 1420) mit einem Selbstbildnis: Aus dem aufgemalten Fenster blickt der Mann mit roter Kappe und rotem Bart. Das Gemälde gilt als das älteste Uhrmacherporträt im deutschen Sprachraum. Um das Zifferblatt herum malte Lilienfeld außerdem die zu seiner Zeit bedeutendsten Astronomen – Ptolemaius, König Alfons X., Hali und Albumasar. Die Uhr steht im Chor auf der Rückseite des Hochaltars.
Neben vielen Epitaphen, Grabplatten und Kapellen ist die aufwendig verzierte Messinggrabplatte des Stralsunder Bür-

4

germeisters Albert Hovener († 1357) sehenswert. Mit Szenen aus der Pelztierjagd und Wachsgewinnung ist das Gestühl der Rigafahrer von 1370 verziert. Ganz rechts steht ein hanseatischer Kaufmann, der wohl als Händler der Erzeugnisse aus Riga fungierte. Weiter hinten in der Kirche zeigt ein Krämergestühl die vier Evangelisten, die christlichen Tugenden – Glaube, Liebe, Hoffnung – sowie einen keulenschwingenden Wächter mit der erbaulichen Inschrift „Wer kein Kramer ist, bleibe draußen oder ich schlag ihm auf die Schnauze". Das reich verzierte Portal gegenüber dem Rathaus, am „Buttergang", ist in aller Regel verschlossen. Der Eingang in die Kirche befindet sich auf dem Alten Markt, wo für die Besichtigung ein Eintritt von drei Euro pro Person erhoben wird.

In Annas und Marias Brust fehlen die Reliquienkästchen

Stockrosen umschmeicheln die Fassaden

Verweilen in historischer Atmosphäre

5

Die Fährstraße reicht vom Alten Markt bis zum Hafen – damit verbindet sie in der Hansestadt das, was zusammengehört: Den Transport mit dem Handel. Erstmals 1270 urkundlich erwähnt, zählt sie zu den ältesten Straßen Stralsunds. Vom Markt hinunter führte sie schon damals direkt zum Anleger, wo die Fähre nach Rügen abging. Wegen der Gebäude und Persönlichkeiten, die hier wohnten, ist sie eine der historisch wertvollsten Straßen der Stadt. Das Fährtor, links an der Kneipe „Zur Fähre", wurde 1874 auf Beschluss der Stadtverwaltung abgerissen. An der Fährbrücke stand außerdem das Äußere Fährtor, an dessen Seite ein steinerner Löwe wachte. Er zog vor dem Abriss in den Brunnenaue-Park um.

Der Apotheker Carl Wilhelm Scheele (1742–1786), der den Sauerstoff entdeckte, kam 1742 als siebtes von elf Kindern in der Fährstraße zur Welt. Der Vater war Kaufmann, zeitweise ging es ihm finanziell schlecht, und als Carl Wilhelm drei Jahre alt war, musste das Haus in der Fährstraße versteigert werden. Die Familie zog zu Verwandten und in immer wechselnde Wohnungen. Dennoch schaffte es der Vater, diesen Sohn auf eine Privatschule zu schicken. Für seine Ausbildung als Apotheker ging Scheele 1757 nach Schweden.

Er verließ die Hansestadt mit 14 Jahren und kehrte nie zurück.

Aber nicht nur für die Naturwissenschaften scheint das Klima in der Fährstraße geeignet zu sein: In der Fährstraße 25 wurde der Journalist und Dramatiker Heinrich Kruse (1815–1902) geboren, der 1895 von der Stralsunder Bürgerschaft zum Ehrenbürger ernannt wurde. Und der Frei-

Sie ist eine der historisch wertvollsten Straßen der Stadt.

Nor.Tisch

Schillstraße 18 (Ecke Fährstraße)
18439 Stralsund
Tel.: 03831 6747607
www.nortisch.de
Mo.–Fr. 11.30–18 Uhr, Sa. 11–17 Uhr

Eingangsbereich wie eine Filmkulisse

heitskämpfer Ferdinand von Schill (1776–1809) ließ sein Leben hier in dieser Straße.

Und heute? Die alte Straße ist zu schmal für parkende Autos und zweispurigen Verkehr, deshalb ist sie eine Einbahnstraße. Obwohl die Fährstraße nur einen Katzensprung weit entfernt vom Alten Markt liegt, ist es in der Saison einigermaßen ruhig. Wohltuend, nicht nur für all jene zu Fuß. Entlang der Fährstraße und in der Nebenstraße entwickeln sich seit einigen Jahren kleine Läden für Liebhaberinnen und Liebhaber des Individuellen, des Kunsthandwerks, der speziellen Dinge. Keine großen Schilder kündigen diese Geschäfte an, deshalb sind sie auf den ersten Blick schwer zu identifizieren. Wer hier einen Laden besitzt, ist selbst anwesend.

Die Läden sind im besten Sinne „inhabergeführt". Eine Töpferei, in der Handwerk und Kunst eine Symbiose eingehen. In der

5

Buchhandlung nebenan bekommt man „handverlesene" Literatur. Dahinter eine Galerie mit feinen Dingen, gegenüber die Konditorei Frötsch. Um die Ecke links (Fährstraße/Schillstraße) steht mit beeindruckender Fassade eins der ältesten Handwerkerhäuser Stralsunds. In dem liebevoll eingerichteten Regionalwarenladen gibt es viel zu stöbern. Die Vielfalt des Sortiments spiegelt die enorme Bandbreite der herstellenden Betriebe wieder, die inzwischen in der Region Vorpommern produzieren. Von Cider über Lollies, Kräutertees, Fischdosen und vielem mehr finden sich hunderte Produkte in dem kleinen Laden über zwei Etagen. Der Name „Nor.Tisch" ist übrigens Programm: Neben einem wechselnden Mittagstisch bietet die Inhaberin Amélie Ehlers Kaffee, selbstgebackenen Kuchen und hausgemachtes Eis an.

Amélie Ehlers ist neue Inhaberin von „Nor.Tisch"

Jugendlich und frisch: der 170 Jahre alte Ginkgobaum in der Brunnenaue

Stralsunds ältester Park

6

Brunnenaue
Öffentlicher Park
Knieperdamm 50–51
18435 Stralsund

Jahrelang forschte der Stralsunder Pfarrer Matthias Kienast (1648–1711) über Kur- und Badebetriebe. Schon seit dem 12. Jahrhundert nutzen Menschen die heilkräftige Wirkung von Salinen wie beispielsweise in Reichenhall, Salzgitter oder in Bad Doberan. Tatsächlich fand Kienast im Jahre 1700 eine Quelle auf dem heutigen Gelände des Brunnenaue-Parks, der er gesundheitsfördernde Wirkung zuschrieb. Er ließ ein Brunnenhaus errichten, das von Einheimischen genutzt wurde. Wehwehchen wie Magenprobleme, Ausschläge oder schlecht heilende Wunden behandelten die Leute hier selbst mit dem Quellwasser.

Der Kaufmann verwandelte den Gesundbrunnen in einen Ort des Zeitvertreibs für die gehobene Gesellschaftsschicht.

Nachdem das Brunnenhaus im Nordischen Krieg zerstört worden war, wurde es 1715, nun auf Initiative von Stralsunder Bürgerinnen und Bürgern unter schwedischer Fahne, neu errichtet. Später, 1848, nach der zweiten Zerstörung der Anlage, gestaltete man den Park auf Initiative des Stralsunders Ernst Billich (1800–1863) neu. Der Kaufmann verwandelte den Gesundbrunnen in einen Ort des Zeitvertreibs für die gehobene Gesellschaftsschicht. Es gab Goldfischteiche, eine Sonnenuhr und im Sommer ein Zirkuszelt auf dem Gelände. In diesem Zug wurde das Baumtrio Trauerbuche, Blutbuche und Ginkgo-Baum angepflanzt. Diese Baumart stammt aus Ostasien und gilt in China als „Tempelbaum". Er kann über 1.000 Jahre alt werden und wird deshalb auch als „lebendes Fossil" bezeichnet. Übrigens untersuchte man die Quelle der Brunnenaue1874 erstmals auf ihre heilkräftige Wirkung und kam zu keinem belegbaren Ergebnis.

Ernst-Barlach-Pietà mit spannender Geschichte

Schrecklich und überhaupt nicht schön

7

Franziskanerkloster St. Johannis

Schillstraße 27/28
18349 Stralsund
www.ernst-barlach-stiftung.de

Von weitem bilden Mutter und Sohn die Form eines Kreuzes. Näherkommend stellen sie ein Bild des Schreckens dar. Die Bronze-Pietà in der Ruine des Johannisklosters reiht sich in die christliche Tradition der Motive der heiligen Jungfrau Maria, die ihren toten Sohn im Arm hält. Seit dem frühen 14. Jahrhundert ist diese Darstellung in vielen Kirchen gebräuchlich. Pietà kommt aus dem italienischen und bedeutet „Mitleid" oder lateinisch Domina nostra de pietate: „Unsere Herrin des Mitleids." Anders als bei den üblichen Pietà-Darstellungen ist an der Mutter im Johanniskloster nichts Liebliches, nichts Schönes. Verhärmt und mit leerem Blick sieht sie auf den steifen Leib ihres toten Soldatensohnes hinab. Unverkennbar stammt die Formensprache der Statue von dem berühmten Bildhauer Ernst Barlach (1870–1938). An einer Ausschreibung um das Ehrenmal für den Ersten Weltkrieg beteiligte sich Barlach, sechs Jahre vor seinem Tod, mit seinen Entwürfen und einem Modell für die Statue. Doch die Zeiten richteten sich gegen diese Art der Darstellung, man schrieb das Jahr 1932. „Stahlhelm- und Kyffhäuserbund" in Stralsund haben dafür gesorgt, dass er bei der Ausschreibung nicht gewonnen habe, schrieb er selbst darüber. Erst 1987 verwendete der gebürtige Güstrower Plastiker Hans-Peter Jaeger (geb. 1941) Barlachs Entwürfe und sein Modell und goss endlich die Bronze in die barlachsche Form.

Verhärmt und mit leerem Blick sieht sie auf den steifen Leib ihres toten Soldatensohnes hinab.

Die erhaltene Chorruine der Kirche St. Johannis ist ebenfalls ein Mahnmal gegen den Krieg. Die Kirche fiel der Bombardierung Stralsunds 1944 zum Opfer.

Das Jugendensemble während des Welttanztages 2019

Lebenselixier Tanz

8

Seit 2001 wirbelt der Verein für zeitgenössischen Tanz durch die Öffentlichkeit Stralsunds. Die Mission heißt, das Tanzen möglichst vielen Menschen wortwörtlich nahezubringen. Das Mittel der Wahl ist Tanzen an ungewöhnlichen Orten. Zum Auftakt führte der Choreograph und tänzerische Leiter Stefan Hahn mit seinen Schülerinnen und Schülern „Matrix" in der Haupthalle der Stralsunder Werft auf. Auf dem Feuerwehrboot im Hafen, in einem alten Kino am Frankendamm oder auf der Drehbrücke Badenstraße – Orte, an denen noch nie jemand zuvor ans Tanzen gedacht hat, gibt es wohl unerschöpflich viele in der Hansestadt. Schon viele Generationen von Schülerinnen und Schülern haben in dem engagierten Verein ihre ersten Erfahrungen mit Tanz gemacht. Auch die Lehrenden selbst sind immer wieder für eine Überraschung gut: Ob ein Schwarzer aus Frankreich, eine Mexikanerin oder auch ein Hip-Hopper aus Ludwigslust. Unterrichtet wird oft auf Englisch. Das alleine brächte Weltflair in die knapp 60.000 Einwohnerinnen und Einwohner zählende Stadt. Inzwischen gibt es Kurse für alle Altersstufen: Minis, Kinder, Jugendliche, Erwachsene und Senioren. Jährlich zum Welttanztag, am 29. April und im Winter im Theater Vorpommern präsentieren sich die Projekte der rund 200 Vereinsmitglieder in der Öffentlichkeit und rufen oft zum Flash-Mob auf. Immer wieder initiierte „Perform(d)ance" besondere Aktionen in der Öffentlichkeit, neben Präsentationen gibt es Workshops zu Urban Contemporary, Hip-Hop und anderen Stilrichtungen des zeitgenössischen Tanzes.

Perform(d)ance
Frankenstraße 57
18439 Stralsund
Tel.: 03831 667920
www.perform
dance.de

Die Mission heißt, das Tanzen möglichst vielen Menschen wortwörtlich nahezubringen.

Jede Stunde sprudelt das Wasser im Atemrhythmus eines Wals

Wasserspiele statt Denkmal

9

Wasserspiel am Alten Markt
Ostern bis Anfang Oktober
Fontäne zur vollen Stunde,
tägl. 10–21.30 Uhr

Ein kleines Wasser sprudelt sich langsam bis zu einer ernst zu nehmenden Fontäne. Knöcheltief steht es auf dem Kopfsteinpflaster, das speziell dafür mit leichter Neigung verlegt wurde. Und Vorsicht – es ist noch nicht vorbei, der Strahl schwillt einige Male hintereinander immer wieder an. Echte Stralsunder Mütter und Väter kommen mit ihren Kindern in Gummizeug verpackt zu den Wasserspielen auf dem Alten Markt oder, wenn es richtig warm ist, in Badesachen.

Der Alte Markt war schon um 1200 das erste Gebiet Stralsunds, das von Kaufleuten besiedelt wurde. Als „forum" diente er als Ort der Gerichtsbarkeit. Nicht weit entfernt von dem Ort der Wasserspiele heute, stellte man um 1277 einen Pranger auf, mit dem die zuvor gefällten Urteile vollstreckt wurden. Das Denkmal des Stralsunder Stadtvaters Lambert Steinwich stand ab 1904 mit gewichtigem Steinsockel auf der heutigen Wasserspiel-Stelle. Mit mehrheitlichem Beschluss der Bürgerschaft wurde es 1938 ans Wulflamufer versetzt, wo es noch heute zu finden ist. Um den Alten Markt herum gibt es Häuser vieler unterschiedlicher Zeiten und Stilrichtungen: Giebelhäuser aus dem Mittelalter (wie das Wulflamhaus und die Ratsapotheke), ein Eckhaus im Stil des Neoklassizismus von 1866 (Knieperstraße 20) und ein Gebäude im Stil der Neuen Sachlichkeit (Alter Markt 4). Das 1930 gebaute Haus entwarf der Stettiner Architekt Adolf Theßmacher für die „Provinzialbank Pommern". Zuvor stand hier das 1833 errichtete Stadttheater, das man wegen „baulicher Unzulänglichkeiten" sperren lassen musste.

Auch Hunden zuzusehen, die die an- und abschwellende Fontäne als Jagdbeute betrachten, ist lustig.

Aufgeplatzte Pestbeulen kurz vor dem Ableben

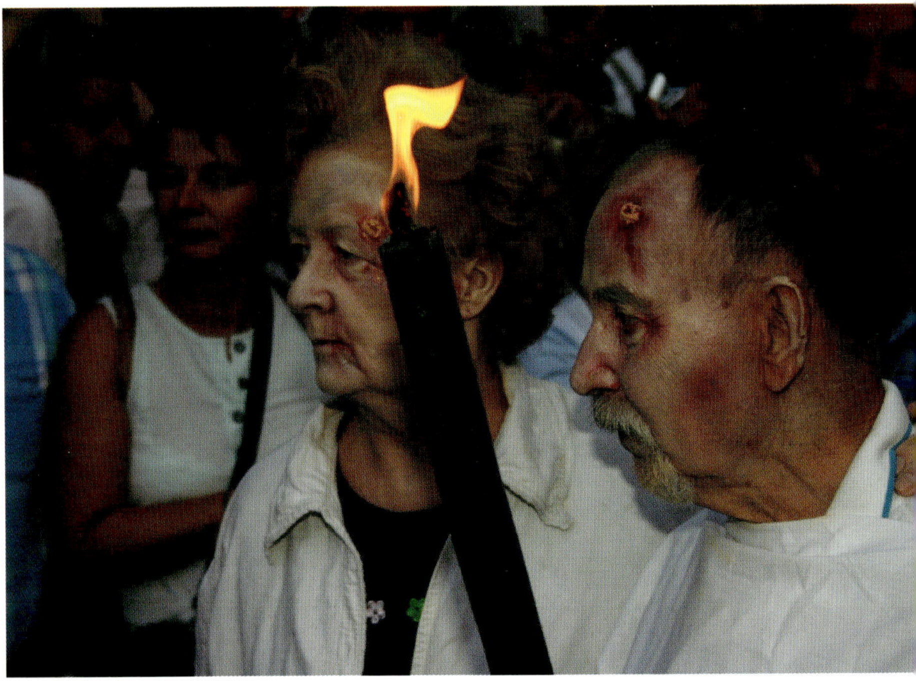

Die kalte Hand des Todes greift nach einem Kind

Sieg über den Gefrorenen

10

Beulen übersäen die Haut, manche entzündlich rot, andere sind aufgeplatzt. Nehmt euch in Acht, in Stralsund herrscht der Schwarze Tod! Im Halbdunkel schleppen sich die zum Tode verdammten in einem langen schaurigen Menschenzug über den Alten Markt. Während solche Bilder im Fernsehen allenfalls einen leichten Schrecken hervorlocken, ist bei diesem „echten" Pestzug ein Gänsehaut-Feeling garantiert. Und die anschließende Erleichterung stellt sich auch ein, dass wir nicht im Jahre 1628 leben, in dem neben Armut und Seuchen auch ein 30 Jahre langwährender Krieg herrschte. Jedes Jahr Ende Juli feiert Stralsund sein Stadtfest im Gedenken an den Sieg über Wallenstein und dessen kaiserliche Truppen. Der geschützte Hafen an dem ruhigen Strelasund und Stralsunds Lage, das „Tor zu Skandinavien", weckte Begierden beim römisch-deutschen Kaiser. Der Landesfürst und Feldherr Wallenstein (1583–1634) hatte schon zu Lebzeiten den Nimbus der Unbesiegbarkeit, und unter Soldaten galt er sogar als unverwundbar. Sie nannten ihn, dessen Muttersprache tschechisch war und der nur leidlich deutsch sprach, den „Gefrorenen". Aber als Feldherr war Wallenstein ein vorsichtiger Mann. Dennoch scheiterte er bei der Belagerung Stralsunds, weil die Stadtväter zur Verstärkung Truppen aus Dänemark und Schweden herbeiholten. Aus dieser Schlacht, in der Wallensteins Truppen viele Verluste hinnehmen mussten, resultierte das „Schutzbündnis" mit den Schweden, das beinahe 200 Jahre bis 1815 währte.

Nehmt euch in Acht, in Stralsund herrscht der Schwarze Tod!

Wallensteintage Stralsund

4. Juli-Woche von Do bis So
Fr, 16 Uhr: Festumzug
Fr, 22 Uhr: Pestzug
Fr und Sa, 23 Uhr: Feuerwerk
www.wallensteintage.de

Zwischen den Galerien im Stralsunder Rathaus

Im Stadtwappen vereint: Pommerscher Greif und schwedischer Löwe

Vater der behutsamen Sanierung

11

Rathaus

Alter Markt
18408 Stralsund
www.stralsund.de

Gut erhaltene historische Häuser aller Epochen und repräsentative öffentliche Gebäude, heute sorgen diese Faktoren für das Flair in der Hansestadt. Man könnte glauben, dass die behutsame Restaurierung der Fassaden und ein überlegtes Einfügen neuer Häuser in die alte Substanz Erfindungen des späten 20. Jahrhunderts wären. Doch das Wirken des Stralsunder Architekten und Stadtbaumeisters Ernst von Haselberg (1827–1905) widerlegt diesen Eindruck. Der gebürtige Stralsunder wurde, nach seinem Studium in Berlin, mit 30 Jahren zum Leiter des Bauamtes in seiner Heimat ernannt. Mit großem Elan trieb er Bauprojekte voran. Er zeichnet verantwortlich für Schulgebäude und das Ordnungsamt. Das heutige Ärztehaus am Frankenwall wurde um 1866 unter seiner Federführung gebaut und galt als eines der modernsten deutschen Krankenhäuser. Als Mitglied der Freimaurer ließ er 1879 das Logenhaus „Sundia zur Wahrheit" im Bielkenhagen bauen.

Die mehrfach verputzte Schaufassade des Rathauses ließ er freilegen.

Aber nicht nur aufwändige Bauen entstanden in seiner 32 Jahre währenden Amtszeit. Auch die Kirchen in Bergen auf Rügen, Damgarten, Pantlitz und Ahrenshagen ließ er sanieren. Die mehrfach verputzte Schaufassade des Rathauses ließ er freilegen. Geschmückt war die Fassade mit den Wappen besiegter Fürsten, durch deren Kapital das Stralsunder Rathaus verschönert wurde. Diese ließ Ernst von Haselberg durch die Wappen der ehemaligen Hansestädte ersetzen. Das Stralsunder Rathaus aus dem späten 13. Jahrhundert gilt heute als eindrucksvollster Profanbau im gesamten Ostseeraum.

ANNO 1568
2a

Aus Italien importiert

12

Renaissance-Portal

Jacobiturmstraße 32
18439 Stralsund

Backsteingotik verbindet man mit Stralsunds Altstadt, aber Renaissance? Das Wort ist aus dem Französischen „renaissance" entlehnt und bedeutet Wiedergeburt. Gemeint ist heute eine europäische Kulturepoche in der Zeit des Umbruchs zwischen Mittelalter und Neuzeit. Nachdem viel Wissen und Tradition der europäischen Geschichte im Mittelalter verloren gegangen war, bemühte man sich in der Renaissance um eine Rückbesinnung auf die griechische und römische Antike. Der scherzhafte Begriff „griechisch-römisch" beschreibt die Ästhetik der da entstandenen Bauten wohl am besten. Ihren Ursprung hat die Renaissance in Italien, doch sie schaffte es Ende des 16. Jahrhunderts bis in die Hansestadt. Das Portal an dem Haus in der Jacobiturmstraße wirkt nicht nur wie vorgebaut. Das denkmalgeschützte traufständige Gebäude stammt aus dem Mittelalter. Das Haus ließ der Kaufmann und Ratsherr Peter Bavemann errichten. Er nutzte den nördlichen Teil des Wohnhauses als Festsaal mit Kamin, der mittlere Teil war „Wagenhaus". Erst sein Schwiegersohn Cord Bestenböstel ließ nach Umbauten 1580 von außen zwei Portale einfügen, wovon eins vollkommen zerstört, das andere vollkommen erhalten geblieben ist. Es ist kunstvoll gerahmt mit kannelierten, ionischen Säulen auf hohen Postamenten. Gekrönt wird es von einem flachen Dreiecksgiebel mit gerahmtem Doppelwappen. Die mittlere Reliefplatte aus Terrakotta zeigt die Anbetung der Heiligen Drei Könige. 1725 erwarb der Kaufmann Johann Victor Ehlers das Haus, ihm gehörte bereits das Haus in der Badenstraße 13, in dem heute die Stadtbibliothek zu finden ist.

Von Italien an die Ostseeküste – Renaissancebauten in Stralsund

Einzigartig: Eine Klosterkirche im Innenhof des Ordnungsamtes

Entmachtung auf Kosten der Armen

13

Ordnungsamt
Schillstraße 5–7
18439 Stralsund

Ein wahres Kuriosum ist im Ordnungsamt versteckt. Während der Öffnungszeiten (Mo, Di, Do, Fr 8–12 Uhr u. Di 13–18, Do 13–16 Uhr) kann man durch das Haupthaus in den stillen Innenhof gelangen. Zwischen hohen Fassaden steht hier die Kapelle St. Annen und Brigitten. Zu der Geschichte gibt es mehrere Versionen. Eine davon: Hans Bure spendete sein Haus 1480 „den armen Jungfrauen", Nonnen des Augustiner-Ordens. Die Orden in der Stadt kümmerten sich unter anderem um sozial Benachteiligte. Diese mildtätigen Aufgaben wurden von der gehobenen Schicht traditionell mit Schenkungen und Spenden finanziert. So hatten beispielsweise das St. Johannis-Kloster, das St. Katharinenkloster und das St. Mariakron-Kloster des Birgitten-Ordens Bestand. Durch die Aufklärung des, 1523 auf der Flucht in Stralsund gestrandeten, Christian Ketelhot (1492–1546) bekannten sich die Mitglieder der Bürgerschaft und des Rates zum Protestantismus. Im Zuge der Neuordnung im Stralsunder Rathaus beorderte die Bürgerschaft 1525 die Armen in die Nikolaikirche, um diejenigen zu kennzeichnen, denen das Betteln erlaubt werden sollte. Aus einem Tumult heraus eskalierte die Situation und wurde zum Stralsunder „Kirchenbrechen". Dabei wurden viele Klöster und Kirchen geplündert und beschädigt. Das Mariakron-Kloster wurde zerstört. Die Birgitten fanden Unterschlupf im St. Annenstift, weshalb die Kapelle heute als St. Annen und Brigitten bezeichnet wird. Da der Neubau der Kapelle (Anfang 16. Jahrhundert) nicht geweiht ist, können darin heute standesamtliche Hochzeiten beschlossen werden.

Viele Klöster und Kirchen wurden geplündert und beschädigt.

Der Bekleidungsladen Olymp & Hades setzt die Tradition fort

Ein ganz neues Shopping-Erlebnis

14

Am 15. April 1852 eröffneten die aus Anklam stammenden Brüder Abraham (1819–1896) und Theodor Wertheim ein Stralsunder „Manufactur-Modewarengeschäft" in der heutigen Wasserstraße 14. Sie hatten bereits berufliche Erfahrung in „Britannien" gemacht, und das kleine Geschäft expandierte schnell. Es zog um in den Eckladen Mönch-/Mühlenstraße und nannte sich „Wertheim-Kaufhaus". Die Söhne von Abraham Wertheim erweiterten die Produktpalette und führten unter anderem das Umtauschrecht ein. Filialen in Rostock (1884) und Berlin (1885) zeigten, dass die Familie Wertheim den Nerv der Zeit getroffen hatte. 1894 eröffnete Georg Wertheim (1857–1939) das erste Manufakturwarengeschäft in der Berliner Oranienstraße mit frei ausgelegter Ware und festen Preisen. Viele spektakulär ausgestattete Berliner Filialen entstanden, bevor 1902 das prächtige Wertheim-Haus in der Ossenreyerstraße gebaut wurde. Ab 1930 kam es zu Angriffen von NSDAP-Anhängern auf die Wertheim-Kaufhäuser. Nach der „Machtergreifung" 1934 schenkte Georg Wertheim den gesamten Konzern seiner nicht-jüdischen Frau Ursula. Dennoch stuften die Nationalsozialisten den Konzern als rein jüdisch ein und enteigneten die Familie 1937. Georg Wertheim starb 1939 in Berlin an einer Lungenentzündung. Die Firma Wertheim wurde zu AWAG (Allgemeine Warenhaus AG) umbenannt. In der DDR gehörte das Stralsunder Haus zur Handelsvereinigung Konsum. Die Familie Wertheim erhielt erst 2007 eine Entschädigung, die sie für verfolgte Jüdinnen und Juden spendete.

Die Wertheim-Kaufhäuser gelten als Wiege der deutschen Warenhauskultur.

Olymp & Hades

Ossenreyer Straße 8
18439 Stalsund
www.historische-warenhaeuser-stralsund.de

In diesem luxuriösen Apartmenthaus wohnte die Malerin

Die Malerin von Hiddensee

15

Die zunächst von den Hiddenseerinnen und Hiddenseern als „neumodisches Malweib" misstrauisch beäugte Elisabeth Büchsel (1867–1957) schaffte es, sich durchzusetzen. Bis heute. Das Durchsetzen musste sie schon früh lernen. Als zweites von sechs Kindern kam sie in einer Stralsunder Tuchhändlerfamilie zur Welt. 1888, gerade 21-jährig, entschloss sie sich, zur künstlerischen Ausbildung nach Berlin zu gehen. Das Elternhaus stand der Sache misstrauisch gegenüber. Schon früh war Büchsel eine ausgezeichnete Porträtmalerin und finanzierte so einen Teil ihrer Ausbildung selbst. 1896 ging sie nach Dresden und von 1900 bis 1903 lernte sie an der Académie Colarossi in Paris. Anschließend zog sie nach München und lernte hier an der Akademie des Münchener Künstlerinnenvereins. Durch ihre umfangreiche Studienzeit an unterschiedlichen Orten hatte sie ein großes Netzwerk aufgebaut. 1904 zog sie zurück nach Stralsund und verbrachte ab da jedes Sommerhalbjahr auf Hiddensee. Ab dem Winter 1915 wohnte Büchsel in dem im Stil der Burgenromantik 1877 errichteten „Schloss am Sund" (Gerhart-Hauptmann-Straße 5). Ihrer Vorliebe fürs Netzwerken folgend, trat sie 1917 in den Pommerschen Künstlerbund ein. Zwei Jahre später, 1919, gründete sie mit Clara Arnheim (1865–1942) und Henni Lehmann (1862–1937) den „Hiddensoer Künstlerinnenbund". Gemeinsam stellten sie in der Blauen Scheune, die Henni Lehmann gehörte, ihre Werke aus. Elisabeth Büchsel malte schätzungsweise 1.500 Bilder; Porträts von Kindern und Landschaftsbilder machen den Großteil ihres Werkes aus.

Elisabeth Büchsel malte schätzungsweise 1.500 Bilder.

Lesetipp

Dorina Kasten: „Elisabeth Büchsel – Bilder eines schönen, starken Lebens", Eudora-Verlag, Leipzig 2021

Die Ansicht der sächsischen Stadt Tharandt im Idealzustand

Ein Saal mitten in der Landschaft

16

Hackertscher Tapetensaal

Ossenreyer Straße 1
18439 Stralsund
Tel.: 03831 252310
www.wismar-stralsund.de

Adolf Friedrich von Olthof (1718–1793) war ein Regierungsrat in Schwedisch-Pommern und besonders war er ein Kunstmäzen. Er galt als unabhängig, lebenslustig, weltoffen und war bekannt dafür, dass ihm Künstler und Gelehrte gleichermaßen willkommen waren. Nichts nahm von Olthof selbst wirklich ernst, unterstützte aber die ernsthaften Bemühungen anderer nach Leibeskräften. Im Juli 1762 lud er den durch ganz Europa reisenden klassizistischen Landschaftsmaler Jakob Friedrich Hackert (1737–1807) und dessen Freund, den Porträtisten Georg David Matthieu (1737–1778), in sein Stralsunder Stadthaus ein. Im gleichen Jahr erwarb Olthof das Gutshaus Boldevitz, wo er seine Mutter und vier Kinder seiner Schwester aufnahm. Auch Hackert und Matthieu begleiteten ihn auf den Rügener Landsitz, Hackert blieb am Ende drei Jahre lang bei dem lebenslustigen Regierungsrat. Genug Zeit, um die Wände in Boldevitz mit acht idealtypischen Wandgemälden zu verzieren und zusätzlich einen Raum in von Olthofs Stadthaus zu gestalten. Angelehnt an italienische oder orientalische Gefilde oder an die Lorelei am Rhein, flankiert mit gemalten dorischen Säulen, wirkt der ganze Saal, als säße man auf einer Veranda mitten in diesen sehr speziellen Landschaften. Zusätzlich geht von dem grafischen Muster auf dem Parkett ein deutlicher Sog aus. Der schöne Kachelofen an der Wand ist so in die Landschaft eingebaut, dass auch er Teil des Wandgemäldes sein könnte. Immer donnerstags um 16 Uhr kann der Saal mit einer Führung besichtigt werden.

Hackert blieb am Ende drei Jahre lang bei dem lebenslustigen Regierungsrat.

Das große Vorsegel namens Genua fängt leichten Wind Brise ein

Gaudi auf norddeutsch

17

Mittwochsregatta
Förderverein der Mittwochsregatta Stralsund e. V.
www.mregatta.de

Keiner weiß so recht, seit wie vielen Sommern es die „Miwore" gibt. Oder wie sie begann oder wer die Ersten waren, die am frühen Abend, nach getaner Arbeit, die Segel gehisst haben. Fest steht: Inzwischen ist die Mittwochsregatta für viele Stralsunderinnen und Stralsunder ein fixer Termin. Ausgerichtet vom örtlichen Segelverein, organisiert von einem eigens dafür gegründeten Förderverein, verfolgt sie als allererstes den Zweck, Spaß zu machen. Und als zweites allen neueren Seglerinnen und Seglern zu mehr Erfahrung zu verhelfen, inklusive Regatta-Erfahrung. Zugelassen sind alle Schiffe, Jollen und Katamarane. Einzige Hürde: Die Eigner müssen eine Haftpflichtversicherung abgeschlossen haben, die das Regattarisiko einschließt. Denn es wird oft eng auf dem Strelasund.

Gesegelt wird im Dreieckskurs zwischen Stralsund, Altefähr und Rügenbrücke.

Es gibt Kalt- und Heißgetränke und jede Menge Seemannsgarn.

Bei schönem Wetter können Zuschauerinnen und Zuschauer, ob einheimisch oder von außerhalb, dann auf der Terrasse des Goldenen Ankers nur noch stehen. Später, zur Auswertung, stoßen die Seglerinnen und Segler auch noch dazu. Es gibt Kalt- und Heißgetränke und jede Menge Seemannsgarn.

Die äußerst aktive Segelszene von Stralsund richtet außerdem eine Segelwoche Ende Mai aus.

Die Mittwochsregatta findet bei geeignetem Wetter von Mai bis September ab dem Stralsunder Hafen statt. Inzwischen gilt sie als die größte regelmäßige Regatta Deutschlands. Der Startschuss fällt an der Nordmole gegen 18 Uhr.

Das blau-gelbe Spinnaker-Segel bei leichter Brise

Segeln auf alten Hanse-Wegen

18

Segelyacht Merit Amun

Liegeplatz: Am Querkanal
Tel.: 0160 98981752
www.segelschule-grothmann.de

Wer das Leben an Bord ausprobieren möchte, kann in Stralsund mit der Segelyacht „Merit Amun" ablegen. Die Törns dauern drei bis sieben Tage mit einer kleinen Crew von maximal sechs Personen in vier Kabinen.

Direkt vom Querkanal im Stralsunder Hafen aus setzt der Skipper mit der Crew die Segel und erkundet mit ihr zusammen Orte, zu denen sonst kein Zugang existiert. „Schon nach ein paar Segeltagen im Revier erkennt man sehr deutlich, warum Stralsund in der Geschichte eine so enorme strategische Bedeutung hatte", sagt Christian Grothmann, der mit seiner Segelschule Eigner und Skipper der Merit Amun ist.

„Schon nach ein paar Segeltagen im Revier erkennt man sehr deutlich, warum Stralsund in der Geschichte eine so enorme strategische Bedeutung hatte."

Als erprobter Kapitän eines Expeditionsseglers in der Antarktis weiß er, worauf es bei ihm wie auch den Mitseglerinnen und Mitseglern ankommt: Neugier und die Bereitschaft, sich auf das Bordleben und die Natur mit ihren Launen einzulassen.

Übernachtet wird auf dem Schiff, entweder am Steg, in kleinen Häfen oder vor Anker in entlegenen Buchten. Ein Bad in der Ostsee bietet sich dabei an. Selbst gekochtes Essen trägt zur guten Atmosphäre bei.

Neben dem aktiven Mitsegeln ist es auf der 43 Fuß großen Merit Amun auch möglich, einen Segel- oder Motorbootführerschein zu machen.

Anmeldungen für einen Törn sind telefonisch oder über die Homepage möglich.

Skipper Steffen Meißner mit Crew-Mitglied Fine auf See

Segeln nach Hiddensee

19

Urlaub am Meer, viele nutzen die Chance, um Wassersport zu treiben. Einen Surfkurs kann man besuchen, Bretter ausleihen, Kajak fahren oder ein Motorboot bis 15 PS über das Wasser lenken. Aber bei großen Seglern hört es auf. Doch in Stralsund gibt es einige Schiffe, die mit Stammcrew an Bord Gäste aufnehmen. Wie das Segelboot mit dem biblisch anmutenden Namen Ahab. Mit knapp 16 Metern Länge und fast 5 Metern Breite ist die Ahab ein stattliches Segelboot. Stolze 15 Tonnen bringt sie an Gewicht ins Wasser. Da muss schon eine anständige Welle schwappen, damit die Ahab ins Schaukeln gerät. Bis zu zwölf Personen, inklusive Stammcrew, können auf dem Schiff übernachten. Es gibt einen Salon, eine Kombüse und für die Gäste vier Kabinen mit Doppelbetten, zwei im Vorschiff, zwei achtern und eine mit einem Etagenbett. In den drei Sanitärzellen gibt es ein WC, einen Waschtisch und eine Duschmöglichkeit. Die Segeltörns variieren von einer Abendrunde vor Stralsund zu einer Tagestour nach Hiddensee bis hin zu einem zweiwöchigen Mitsegeln auf der Ost-, Nordsee oder dem Mittelmeer, nach Griechenland, Italien, Finnland oder Lettland.

Da muss schon eine anständige Welle schwappen, damit die Ahab ins Schaukeln gerät.

Mitsegeln kann jede und jeder – Familien, Senioren, Jugendliche –, auch ohne nautische Kenntnisse oder Vorerfahrungen auf dem Wasser zu haben. Der besondere Tipp: Ein Tagestörn nach Hiddensee kostet pro Person nicht viel mehr als das Fährschiff der Weißen Flotte.

Segelyacht Ahab
Liegeplatz an der
Fährbrücke 2
18439 Stralsund
Tel.: 0178 8458909
www.sy-ahab.de

Hanni Höbner macht das „Fährwasser" klar

Wo findet man noch ein solches Original?

Der Urlaubertampen hängt an der Wand

20

Zur Fähre

Fährstraße 17
18439 Stralsund
Tel.: 03831 297196
www.zurfaehre-kneipe.de

„Taverna apud passagium", als solche bezeichnet, erhielt die „Taverne zur Fähre" 1332 erstmals ihre Schankgenehmigung und ist damit eine der ältesten Kneipen Europas. Das Haus „klebte" an der Außenseite der Stadtmauer, direkt dahinter das Fährtor, das Ende des 19. Jahrhunderts abgerissen wurde. Die Stadtbefestigung auf dem Gebiet der heutigen Altstadt war von zehn Stadttoren unterbrochen. Das Fährtor, 1278 errichtet, zeigte nach Außen zwar als einziges die Traufen- und nicht die Giebelseite. Das täuschte nicht darüber hinweg, dass es bei Sonnenuntergang, genauso wie alle anderen, dichtmachte. Ankömmlinge, die ihre Segelschiffe erst bei Nacht im Hafen vertäuten oder sich zu spät von Rügen mit der Fähre übersetzen ließen, standen vor dem verschlossenen Tor. Doch halt: Rechts daneben leuchtete Kerzenschein durch die Türritze. Die „taverna apud passagium" nahm die Wartenden gerne auf. Bewirtet wurden sie mit dünnem Bier, das allgemein im Mittelalter vertrauenserweckender wirkte als Wasser, das oft nicht sauber war. Mit starkem Selbstgebrannten und langen Geschichten verkürzten sie sich die Nacht. Weniger bunt ging es zu DDR-Zeiten in der Kneipe „Zur Fähre" zu. Ein „Urlaubertampen" in der Eingangstür versagte Fremden den Eintritt. Nur Stammgäste durften hier hinein. Dieser Tampen hängt nun neben anderen maritimen Gegenständen an der Wand. Das Stralsunder Original Hanni Höpner empfing seit der Wende Menschen aus aller Welt. 2022 übertrug sie das Geschäft auf ihre Tochter Franzi Höpner. Ihren spannenden Geschichten können Gäste dennoch regelmäßig in der „Fähre" lauschen.

Mit starkem Selbstgebrannten und langen Geschichten verkürzten sie sich die Nacht.

Die Schlange der Wartenden am Morgen

Mitten in der Altstadt legt die Fähre ab

Der Zauber des „söten Länneken"

21

Reederei Hiddensee

Fähren und Wassertaxis
Fährstraße 16
18439 Stralsund
Tel.: 03831 26810
www.reederei-hiddensee.de

Geformt wie ein Seepferdchen, erstreckt sich die kleine Insel an der Westflanke von Rügen. Mit knapp 17 Kilometern Länge und höchstens drei Kilometern Breite wird Hiddensee auch das „söte Länneken", das süße Ländchen, genannt. Das finden die unzähligen Gäste wohl auch, die jährlich im Sommer auf die Insel strömen. Sicher, die Hügel des Dornbuschs im Norden strahlen eine ganz eigene Atmosphäre aus. Kloster ist ein entzückendes Hafenörtchen, das schon dem Autor Gerhart Hauptmann (1862–1946) als Schaffensort diente. Und über die Heide oder den Strand erreicht man Vitte, ein quirliges Ostseeörtchen am Deich und weiter durch das Heideland Neuendorf, das eigentlich kein Dorf, sondern eine ruhige, echt norddeutsch distanzierte Ansammlung von Höfen ist. Doch diese Idylle macht nicht den eigentlichen Reiz des Inselchens aus. Ist es die Ruhe, die durch die – verhältnismäßige – Autofreiheit zustande kommt? Oder dieser ganz eigene Rhythmus, dem die Natur folgen kann, seit die gesamte Insel 1990 zum Nationalpark Vorpommersche Boddenlandschaft erklärt wurde? Beide Faktoren sind auf jeden Fall bis heute eine gute Grundlage für den Zauber von Hiddensee. Die klassische Reise zur Insel ist ein Tagesausflug. Dies wird auch durch die etwas geminderten Fahrkartenpreise des „Platzhirschs", der Weißen Flotte, befördert. Hier heißt es im Sommer: morgens vor der Fähre in einer langen Schlange anstehen. Das Fahrrad auf Hiddensee mieten, einmal bis zum Dornbusch und zurück und mit der Fähre im Abendlicht wieder in Stralsund anlegen.

Doch diese Idylle macht nicht den eigentlichen Reiz des Inselchens aus.

Der Nixenzauber liegt versteckt hinter dem Ozeaneum

Hier machen Künstler gemeinsame Sache

22

Kompanie Kabruusch

Produzentengalerie
Neue Semlowerstraße/Hafenstraße 6–7
18439 Stralsund
Tel.: 03831 392511

Trau keinem Reisesouvenir, das du nicht selbst am Strand gefunden hast! Denn in den allermeisten Fällen hat es einen Haken. Entweder die Qualität taugt nichts, es ist ein Massenerzeugnis oder es ist in Fernost hergestellt. Oder alle drei Faktoren treffen zu.

Solche Mitbringsel findet man in der Galerie Kabruusch, die wortwörtlich im Schatten des Ozeaneums liegt, ganz bestimmt nicht. In dem 100 Quadratmeter großen Raum von Holzständerwerk unterbrochen wirken die Kunstwerke an sich schon stimmungsvoll und gut aufgehoben. Hier, in dem alten Speichergebäude, haben die so unterschiedlichen Dinge genug Platz, um jeweils für sich selbst zu wirken: die kleinen Nixen mit wirren Haaren aus Pappmaschee, experimentelle Kalligrafie, Drucke mit maritimen angeschnittenen Motiven, Fotografien, dünnwandige Meerestonkeramik, Glaskunst, Filz-Arbeiten, Hüte, auffällig gemusterte Taschen und Schals. Das Spektrum des Kunsthandwerks, das hier betrachtet und erworben werden kann, ist groß. Die Künstlerinnen und Künstler selbst wechseln sich mit dem Verkauf ab und, wenn Zeit ist, arbeiten sie in der Galerie weiter an ihren Produkten. Die meisten dieser aus etwa zehn künstlerisch Schaffenden bestehenden Gemeinschaft leben in Stralsund, einige auch im Umkreis. Jährlich kommen neue Kunstwerke hinzu, sodass es immer wieder etwas zu entdecken gibt. Die Produzentengalerie ist von Mai bis Oktober, dann von Montag bis Samstag jeweils bis 18 Uhr geöffnet.

Das Spektrum des Kunsthandwerks, das hier betrachtet und erworben werden kann, ist groß.

Die Südpol-Bewohner genießen die spektakuläre Aussicht

Ein Penthaus für Pinguine

23

Ozeaneum

Hafenstraße 11
18439 Stralsund
Tel.: 03831 2650610
www.ozeaneum.de

Das Ozeaneum im Stralsunder Hafen kennen alle. Es ist der touristische Anziehungspunkt, in keinem Reiseführer darf es fehlen. Schon der, den alten Backstein-Bestand durchbrechende, weiße Neubau ist beim besten Willen nicht zu übersehen. Das von den Architekten Behnisch und Partner entworfene Gebäude soll Steine darstellen, die vom Meer umspült werden. Einheimische nennen es jedoch simpel „Klorolle". In 50 kleinen und großen Aquarien leben Fischschwärme, Seepferdchen, Anemonen, Haie, Quallen, Seesterne und viele Unterwasserwesen mehr. In einem großen Aquarium liegt eine Schiffswrack-Attrappe, die nach einem, auf dem Grund des Atlantiks liegenden, Original in verkleinerter Form gebaut wurde.

Wer nicht täglich ins tiefe Wasser guckt, den befällt auf dem Rundgang im Ozeaneum irgendwann ein leichter Schwindel.

Hoch über dem Hafen gibt es frische Luft und gefiederte Schwimmer, die aber auch auf den Steinen herumwatscheln. Sie haben sich an die Scharen von Besucherinnen und Besuchern gewöhnt, denn sie machen „voll ihr Ding". Immer wieder gibt es Nachwuchs. Die Humboldt-Pinguine brüten abwechselnd in einer kleinen Höhle, und nach etwa 40 Tagen schlüpfen ein bis zwei Junge. Zehn Wochen bleiben die Kleinen in der Obhut der Eltern, dann – wenn sie die Bruthöhle verlassen – müssen sie erst mal weg vom Dach, denn das Gefieder ist noch nicht wasserfest. Die Kleinen lernen in einem Raum innerhalb des Museums alleine fressen und schwimmen. Doch schließlich dürfen sie auf ihre luftige Dachterrasse zurück und die Zuschauenden mit ihren tapsigen Bewegungen und ihrem augenscheinlichen Starrsinn verzaubern.

Heute werden in und vor den Speichern Gäste in Liegestühlen „gelagert"

Eine pittoreske Kulisse

24

Restaurant Speicher 8

www.speicher8.de

Es könnte naheliegen zu denken, dass die hohen Backsteingebäude im Hafen etwas mit der Hanse zu tun haben. Aber weit gefehlt: Den Bündnisvertrag schlossen die Stralsunder Ratsherren mit Wismar, Rostock und Lübeck im Jahre 1293 ab. Er war die Grundlage für die Entwicklung der „dudeschen", deutschen Hanse. Der Höhepunkt ihrer Macht stellt der Stralsunder Friede im Jahr 1370 da. Zu der Zeit gab es weder die Speicher, noch die Silos. Nicht mal die Hafeninsel existierte. Der Strelasund plätscherte bis zu der Straße Am Fischmarkt heran. Dahinter umgab die Stadtmauer den Kern der heutigen Altstadt.

Erst rund 500 Jahre später, 1862 bis 1868, wurden die beiden Hafeninseln in ihrer heutigen Form gebaut. Danach entstanden die Speicher und Silos. In dem im Nordhafen alles überragenden Silo lagen noch bis 1993 Weizen und Roggen. Es wurde 1938/39 errichtet und reicht 40 Meter in den Himmel. Inzwischen befindet sich in einem großen Glasvorbau das Restaurant Fischermänns-Deli, der Rest ist ungenutzt. Die Speicher dienten für alles nur Erdenkliche als Lagerstätte: Holz, Kaffee, Stoffe, Zucker, eingelegter Fisch oder auch Werkzeuge, die auf ihren Weitertransport, entweder per Schiff oder auf der Straße, warteten. Auch hießen Speicher „Fruchtkasten", weil in ihnen oft exotische Obstsorten auf die weitere Reise warteten.

Speicher hießen in manchen Gegenden auch „Fruchtkasten", weil in ihnen oft exotische Obstsorten gelagert wurden.

Die gründliche Wandlung der Logistik bewirkte, dass die Stralsunder Hafenspeicher heute nur noch an die vielen Menschen erinnern, die die Schiffe dazumal ein- und ausluden.

Fischer am Strand, Öl auf Leinwand, um 1870

Am Meeresstrande, Öl auf Leinwand, 1864

Versteckspiel in Stralsund

25

Haus der Familie Biel

Heilgeiststraße 89
18439 Stralsund

Antonie Biel (1830–1880) war das letzte von vier Kindern des Juristen und Ratsmitglieds Johann Carl Biel (1783–1837) und seiner Frau. Als Kind war Antonie zart und gesundheitlich anfällig. Ihre künstlerisch begabte Mutter Hermine Friederica verbrachte viele Stunden am Bett ihrer Jüngsten und lehrte sie das Zeichnen. In Antonie pflanzte sie damit früh den innigen Wunsch ein, Malerin zu werden. Johann Carl Biel starb, als Antonie sieben Jahre alt war. Für eine Frau in dieser Zeit war es schwierig überhaupt einen Beruf, und vollkommen unmöglich, einen Wunschberuf zu ergreifen. Das Kind beharrte zwar eigensinnig auf seinem Ziel, lernte aber, es vor den männlichen Verwandten, die sich jetzt um es kümmerten, zu verstecken. Es setzte seine Zeichenstudien heimlich fort und versicherte gleichzeitig, dass es ihm nicht ernst sei mit der Malerei. Als ihre Mutter starb, war Biel 21 Jahre alt und hatte ihr Talent bisher nur spärlich weiterentwickeln können. Wider Erwarten erfuhr sie Unterstützung durch ihre älteste Schwester Johanna. Endlich gelang es ihr aus der Enge Stralsunds auszubrechen. Johanna begleitete sie auf ihre Studienreisen. Wilhelm Schirmer (1807–1863) unterrichtete sie in Berlin, und bald darauf bat ein Galerist um eins ihrer Bilder. Die Schwester warf ein: „Niemand darf es wissen. Wie dich Onkel und Tanten und Freunde ansähen, wenn es bekannt würde, dass ein Bild von dir ausgestellt oder gar verkauft wird." Dennoch reisten die beiden Schwestern anschließend noch zehn Jahre durch Deutschland, bevor Antonie mit ihren poetischen Landschaftsbildern berühmt wurde.

Das Kind beharrte auf seinem Ziel und setzte seine Zeichenstudien heimlich fort.

In einem Kajak mit Tretantrieb über den Sund

Abendstimmung im Fährkanal

Stralsund aus einzigartiger Perspektive

26

Sail & Surf Rügen
Am Fährberg 8
18573 Altefähr
Tel.: 038306 23253
www.sail-surf-ruegen.de

Direkt am Fähranleger von Altefähr kann man Kajaks für zwei Personen mieten. Sie sind quasi unsinkbar und auch für Unerfahrene geeignet. Man sollte ein längeres Seil mitnehmen, um für eine Pause ausgerüstet zu sein. Wie ist der Wind und der Zustand des Strelasunds? Kabbeliges Wasser und eine Brise sind kein Problem, bei Wellengang und Wind sollte man auf die Tour verzichten. Leichter Südwest-Wind „schiebt" auf dem Rückweg von hinten. Aus dem Altefährer Hafen paddelt man heraus, überquert den Strelasund und fährt geradeaus in den Stralsunder Hafen. Die Fahrrinne ist hier breit, der Platz reicht, auch wenn eine Hiddensee-Fähre entgegenkommt. Es herrscht Rechtsverkehr. Man fährt bis zum Ende des Hafens zum Anleger der Weißen Flotte und schwenkt dann links unter der Fährbrücke hindurch. Man gleitet durch den Semlower Kanal, links das Ozeaneum, rechts die Terrasse des Braugasthauses. Hier kann man am Steg anlegen und an einem der Kutter ein Fischbrötchen essen. Vom Hafenbecken aus gibt es insgesamt drei Brücken, dann links entlang und unter der Ziehbrücke wieder auf den Sund gelangen. Man hält sich ufernah, rechts, unter der hohen Rügenbrücke hindurch. Kurz vor dem Rügendamm eignet sich der Slip einer kleinen, stillgelegten Werft für einen weiteren Zwischenstopp. Hinter dem Rügendamm, auf Höhe der großen Werft überquert man den Strelasund und fährt rechter Hand in den Kanal zwischen Kleinem und Großem Dänholm. Aus dem Kanal heraus wendet man das Kajak nach links, fährt küstennah unter der Rügendammbrücke zurück nach Altefähr. Mit Pausen benötigt man vier Stunden.

Hier kann man am Steg anlegen und ein Fischbrötchen essen.

Belohnung nach etwa Zweidritteln des Aufstiegs

Über den Dächern der Stadt

27

St. Marienkirche

www.st-mariengemeinde-stralsund.de

Für jeden Tag eines Schaltjahres gibt es eine Treppenstufe. So kann man sich die Zeit vertreiben, während man die 366 Stufen auf einer schmalen Wendeltreppe hinaufsteigt. Nach etwa zwei Dritteln des Aufstiegs gelangt man bei einem Turmrundgang auf Sichtweite der drei mächtigen Glocken der Marienkirche. Die kleine, mit einem Gewicht von 1.360 Kilogramm, und die mittlere, mit 2.455 Kilogramm, wurden beide 1969 gegossen. Die große Glocke wiegt 5.000 Kilogramm und stammt aus dem Jahr 1663. Auch das imposante Tretrad mit einem Durchmesser von sieben Metern steht auf dieser Ebene. Nun geht es über Stiegen durch den Glockenraum hinauf. Heute erreicht der Turm mit seiner geschwungenen Barockhaube die beachtliche Höhe von 104 Metern. Das war ursprünglich anders: Der erste Bau der Turmspitze wurde um 1475 von dem Handwerker Johannes Rose, seinem Meisterknecht Erik Sasse und fünf Gehilfen auf dem Neuen Markt vorgefertigt. Von Meister Rose ist überliefert, dass er nur eine Hand und an dieser nur zwei Finger gehabt hat. Für die Eindeckung des Gestühls brauchte man 30 Tonnen Kupfer. Der erste Turm ragte gotisch spitz in den Himmel und war mit 150 Meter Höhe ein idealer Ansteuerungspunkt für Seefahrer. 1932 erklomm Wolfgang Giertz zwei Nächte hintereinander den 104 Meter hohen Turm. Mit Leitern und Stricken ausgerüstet, kletterte der Junge nachts hinauf und befestigte ein Handtuch mit einem gemalten Totenkopf an der Spitze. Nur mit Mühe konnte man es entfernen. Die Presse feierte ihn als den „Helden von Stralsund".

Von Meister Rose ist überliefert, dass er nur eine Hand und an dieser nur zwei Finger gehabt hat.

Schlicht und unauffällig: Die Spielkartenfabrik von außen

Die Heidelberger von 1957 ist die jüngste Maschine hier

Dieses Museum lebt!

28

Die besten Museen setzen darauf, dass Besucherinnen und Besucher eigene Erfahrungen mit dem geschichtlichen Material machen können. So ist es in der Museumswerkstatt „Spielkartenfabrik", die sich in einer Gasse hinter dem Neuen Markt befindet.

Die Setzmaschine Linotype rattert, eine andere Druckmaschine faucht und an einem großen Tisch wird geleimt und gebunden. Historische Maschinen, die die Geschichte des Drucks dokumentieren, sind hier nicht nur „leibhaftig" anwesend, sie tun auch immer noch ihre Arbeit.

Die Produkte sind einerseits klassische Spielkarten, wie das legendäre Ostsee-Rommé-Blatt, wo Butt, Dorsch, Flunder mit ihren Frauen und Fischi-Buben die königliche Besetzung stellen. Andererseits gibt es auch selbst konzipierte Spiele wie „Leg dein Leben" oder „Rum & Rollmops" in ansprechender Ausstattung. Alles vor Ort gedruckt, geschnitten, geklebt und verpackt.

Wie die historische Stralsunder Spielkartenfabrik entstanden ist und die Entwicklung bis zu ihrem Umzug nach Altenburg, zeigt eine Schubladenausstellung längs der Wand. Zusätzlich haben Vereinsmitglieder die Möglichkeit ihre eigenen Projekte an den Maschinen zu drucken. Dabei entstehen sowohl Linolschnitte als auch Bücher oder Verpackungen ansässiger Inhaberinnen und Einzelhändler. Interessierte können sich zu den Öffnungszeiten (Mo.–Fr. 11– 13/15–19 Uhr) durch die Museumswerkstatt führen lassen und nach Absprache auch selbst Hand anlegen.

Spielkartenfabrik
Katharinenberg 35
18439 Stralsund
Tel.: 03831 703360
www.spiefa.de

Die Setzmaschine Linotype rattert, eine andere Druckmaschine faucht und an einem großen Tisch wird geleimt und gebunden.

In Stralsund gebaute Schiffe haben eine lange Tradition

Neuer Auftrieb für sundische Werften

29

Gelände der Volkswerft

www.stralsund.de

Während die Wirtschaft zur Hansezeit florierte, sank sie im 19. Jahrhundert kontinuierlich. Die prächtige Handelsstadt schien der Vergangenheit anzugehören. 1816 gab es 114 Seeschiffe mit Heimathafen Stralsund, zwanzig Jahre später nur noch 65. Auch der traditionelle Schiffbau litt darunter, die Werften beschränkten sich auf Reparaturen. Die Wochenzeitschrift „Sundine" erinnerte am 8. August 1838 daran, „daß der Stapelplatz früher von regem tätigem Leben und munterm Betrieb erfüllt" gewesen sei. Nun stünde er „leer und öde". Die starre Zunftordnung der Stadt verhinderte Neuerungen. Bis der Greifswalder Schiffbaumeister Joachim Peter Juhl der Stadtverwaltung schrieb, er plane eine Werft am Strelasund zu eröffnen, wenn ihm nicht die „bestehende Zunftverfassung (seiner) Thätigkeit solche Fesseln anlegen (würde), daß (er seine) Kunst nicht mit Vortheil ausüben" könne.

Juhl schaffte es, die Fesseln zu lockern und baute 1839 eine Bark, eine Brigg und eine Yacht.

Juhl schaffte es, die Fesseln zu lockern, und baute 1839 eine Bark, eine Brigg und eine Yacht. Auch die beiden Stralsunder Schiffbauer Jacob Nicolaus Kasten und Johann Martin Theodor Erich profitierten von dem Befreiungsschlag und bauten wieder Schiffe. Im Jahr 1854 kamen 17 neue Exemplare aus Stralsund. Bald reichte der Platz zwischen dem Fuß der Semelower Straße und der heutigen Heilgeiststraße nicht mehr aus und die Werften zogen in das Gebiet der Frankenvorstadt.

Jüngst hat die Hansestadt Stralsund das 34 Hektar große Gelände der MV Werften gekauft. Seit 2022 pachten Unternehmen Flächen und Hallen im „Maritimen Industrie- und Gewerbepark Volkswerft".

Romantische Flora nimmt dem Haus den Schrecken

Wo der Henker wohnte

30

Ehemaliges Scharfrichterhaus

Filterstraße 2 a/b
18439 Stralsund
www.ostsee.de

An der Ecke Papenstraße/Filterstraße (Filterstraße 2 b) steht ein schön saniertes Haus mit einer schaurigen Vergangenheit: Es ist, mit Ausnahme von dem in Tallinn, das einzige im Ostseeraum erhalten gebliebene Scharfrichterhaus: Erstmals 1289 ist es als solches dokumentiert. Stralsunds letzter Scharfrichter, C. H. Wentzel, starb hier 1841. Über die Jahrhunderte diente es den Henkern als Wohnstätte.

Um 1412 wurde ein Turm angebaut (heute Filterstraße 2 a), dessen Gewölbekeller als Gefängnis und Folterkeller diente. Bemerkenswert an dem „Stammhaus" des Scharfrichters ist der Schaugiebel, der, entgegen der in der Straße üblichen Bauweise, nicht zur Straße zeigt. Er beweist, dass das Haus ursprünglich freistehend war. Scharfrichter und ihre Familien waren im Mittelalter aus der Gesellschaft „ausgestoßen". Den Söhnen von Scharfrichtern blieb deshalb nichts anderes übrig, als ebenfalls Scharfrichter zu werden, die Töchter konnten nur halb verrufenen Tätigkeiten, wie dem Wahrsagen oder dem Liebes- und Schadenszauber, nachgehen. Trotz des geringen Ansehens war die Arbeit des Henkers nicht ganz ungefährlich. Er musste gute anatomische Kenntnisse besitzen. Denn schaffte er es nicht, dem Verurteilten mit einem Hieb seines Beils oder Schwerts den Kopf abzuschlagen, so kam es vor, dass die Schaulustigen die Hinrichtungsstätte stürmten und ihrerseits den Scharfrichter töteten. Auf diese Weise sind nachgewiesenermaßen mehrere Scharfrichter während ihrer Arbeit ums Leben gekommen. Die letzte öffentliche Tötung in Stralsund fand am 26. April 1855 auf dem Alten Markt statt.

Scharfrichter und ihre Familien waren im Mittelalter aus der Gesellschaft „ausgestoßen".

Herrliche Wohnlage in der Innenstadt

Ein Park mitten in der Stadt

31

Wulflamufer

www.stralsund.de

Der Stadtpark am Wulflamufer entstand beim Bau des „Bürgermeisterviertels". Einst nannte man das Ufer „Füllenwiese", weil der morastige Boden des gesamten Viertels erst mit Bauschutt und Erde trockengelegt werden musste, um überhaupt etwas bauen zu können. Überwiegend stehen die Ein- und Mehrfamilienhäuser in der Tradition mittelalterlicher Backsteinbauten in diesem Quartier. Mit den Straßennamen wird an ehemalige Bürgermeister der Hansestadt erinnert. Bertram Wulflam (Anfang 14. Jahrhundert bis 1394) entstammte einer Stralsunder Kaufmannsfamilie. Er selbst gelangte schnell zu großem Reichtum und ließ das elterliche Haus am Alten Markt 5 mit einem imposanten Giebel umbauen, der Ähnlichkeit mit dem Rathausgiebel hat. 1362 wurde Wulflam in den Stralsunder Rat gewählt. Sein diplomatisches Geschick und seine Art, sein Ansehen zu festigen, waren wohl dafür verantwortlich, dass er schon zwei Jahre danach zum Bürgermeister gewählt wurde. Er blieb fast 30 Jahre im Amt und war neben dem Lübecker Bürgermeister Pleskow der bedeutendste Vertreter der Hanse. Am Ende seiner Amtszeit wurde ihm von seinem Nachfolger Karsten Sarnow Selbstherrlichkeit vorgeworfen. Über Nacht floh er nach Lübeck. In den 1920er Jahren wurde am Rande der Straße Wulflamufer eine öffentliche Gartenanlage gebaut, die mit breiter Promenade an die Straße angrenzt. Zu der Anlage gehörte auch ein Planschbecken für Kinder, das durch einen Wall vom Frankenteich abgetrennt war, aber nach 1945 wurde das Becken zugeschüttet.

Ein- und Mehrfamilienhäuser in der Tradition mittelalterlicher Backsteinbauten

Andreas Flock in dem 1957 errichteten Industriegebäude

Was macht ein Raum mit der Kunst?

32

Atelier im Strahlwerk

Gordana Schmelzer
Dänholmstraße 7
Tel.: 01523 1972165
18439 Stralsund
www.strahlwerk.eu

Nichts deutet in der Straße im Hafen darauf hin, dass hier freundliche, publikumsoffene Räume existieren. Im Gegenteil: Das letzte Grundstück behält sich mit seinem zwar geöffneten, eisernen Rolltor vor, abgeriegelt zu werden, ein Schild weist es als Privatgelände aus. Doch frech kommt weiter, muss die Devise in diesem Fall lauten. Auf dem Gelände rechts am ehemaligen Pförtnergebäude läutet ein kleines Klangspiel, das nicht zu der Hermetik passen will. Links weist das Schild „Strahlwerk" auf einer Bank den Weg. Durch die Tür daneben geht es hinauf in weite, lichtdurchflutete Räume. An den Wänden hängen einerseits Gemälde, Fotografien, Zeichnungen, andererseits hochformatige, weiße Leinwände. Die gehören nicht zur Kunstausstellung von Gordana Schmelzer, sondern erzeugen eine samtige Akustik, die Konzerte sogar mit Blasinstrumenten in den hohen Räumen möglich machen.

„Der Raum hat etwas Besonderes, er hat eine tiefe Stille."

Das Architektenpaar Gordana Schmelzer und Andreas Flock zog im Winter 2020 aus Berlin nach Stralsund. Grund dafür: die Atelierräume in der Dänholmstraße 7. „Der Raum hat etwas Besonderes, er hat eine tiefe Stille", sagt Andreas Flock. Seitdem entwickeln sie ständig neue Ideen und vernetzen sich, um die Galerie zu nutzen. Tagungen, Treffen, Lesungen und vieles mehr finden hier statt. Beiden ist Zirkularität (CRCLR) eine Herzensangelegenheit, der sie in vielfältiger Weise nachgehen.

Die Galerie kann mit Voranmeldung (telefonisch oder gordana@posteo.de) besichtigt werden. Einmal wöchentlich, dienstags um 17 Uhr, bietet Gordana Schmelzer „Freies Zeichnen und Malen" im Strahlwerk an.

Tragische Familienschicksale zum Greifen nah

Steine erzählen Lebensgeschichten

33

Stolpersteine in Stralsund

www.gedenkbuch-stralsund.de

„Die am 8. Dezember 1936 in Berlin geborene Bärbel Beyer, geb. Cohn, wurde von 1942 bis 1945 in Stralsund versteckt und überlebte." In Kurzform übermittelt das Messingquadrat in Pflasterstein-Format diese gute Nachricht des überlebenden Kindes. Der „Stein" ist im Gehweg auf dem Fußboden eingelassen vor dem Haus Fährstraße 72. Es ist das Haus, in dem die kleine Bärbel versteckt wurde. Aber die meisten Stolpersteine in Stralsund erzählen Geschichten ohne Happy End. Von der Familie Blach beispielsweise findet man vor dem Haus in der Heilgeiststraße 89 gleich drei Messingtäfelchen. Während der Lederwarenhändler Carl-Philipp Blach (1887–1946) Glück im Unglück hatte – sein Geschäft wurde 1938 „arisiert", er selbst zog unfreiwillig nach Berlin und wurde dort 1942 zur Zwangsarbeit verpflichtet – schaffte er es zumindest zu überleben. Seine Verwandten hatten dieses Glück nicht. Gerd Blach (1919–1943) und Hans Joachim Blach (1917–1943) starben nach der Deportation 1943 in Ausschwitz. Die Namensschwester des Lederwarenhändlers, Margarete Blach (1876–1940), wurde bereits im Februar 1940 deportiert und am 30. Juli 1940 in Plasnica ermordet. Gewohnt hatte sie in der Ossenreyerstraße 53, mitten in der Fußgängerzone. Von 134 Jüdinnen undJuden in Stralsund überlebten nur wenige den Nationalsozialismus.

Es ist das Haus, in dem die kleine Bärbel versteckt wurde.

Zwei von drei Stolperschwellen, am Hauptbahnhof und im Krankenhaus West, gedenken der Opfer, die psychisch krank waren. Am Bahnhof wurden 1939 insgesamt 1.160 Menschen in Waggons getrieben, abtransportiert und in Plasnica ermordet.

Einer von ehemals zehn Durchgängen in der Stadtmauer: das Kütertor

Das Tor der Würstchen-Hersteller

34

Kniepertor

Knieperstraße 9
18439 Stralsund

Kütertor

Heiliggeiststraße 2
18439 Stralsund

Seltsamerweise wurden offenbar in Stralsund zunächst einige Stadttore gebaut und danach erst die Stadtmauer. So ist das Fährtor, das heute nicht mehr existiert, 1278 entstanden. Die es umgebende Stadtmauer erst neun Jahre später, 1287. Diese Toranlagen, von denen es in Stralsund ursprünglich zehn gab, waren im Mittelalter nach außen hin mit einem eisenbeschlagenen Torflügel, einer Zugbrücke, einem Fallgatter und Sperrketten ausgestattet. Die Wehrhaftigkeit dieser Stadttore war kaum zu überbieten.

Die Mehrzahl der Stadttore musste im 19. Jahrhundert dem Verkehr weichen.

Die Mehrzahl der Stadttore musste im 19. Jahrhundert dem Verkehr weichen. Der prächtige Schaugiebel des Semlower Tors wurde im Zweiten Weltkrieg teilweise zerstört, der Rest wurde 1960 unter starkem Protest vieler Stralsunderinnen und Stralsunder gesprengt. Bis heute erhalten geblieben sind das Kütertor und das Kniepertor. Das Kütertor, am Ende der Heilgeiststraße, trägt seinen Namen von den Handwerkern, die im Mittelalter hier wohnten. Küter waren Fleischer, die Innereien von Schlachtern kauften und weiterverarbeiteten. Das Tor wurde 1281 erstmals erwähnt. Die heutige Version stammt jedoch von 1446 und war ursprünglich mit Schiefer gedeckt. Das über zehn Meter breite und über zehn Meter tiefe Kütertor wurde bis 1862 unter anderem als Gefängnis genutzt. Nach dem Ausbau des Daches diente es Wohnzwecken.

Das Kniepertor am Olof-Palme-Platz erhielt sein heutiges Aussehen im Wesentlichen im 15. Jahrhundert. Es überdauerte Abrisspläne in den 1870ern, im Gegensatz zu dem danebenstehenden Gebäude (Knieperstraße 14).

Das Wappen von Stralsund zwischen schwedischer und dänischer Flagge

So lasset die Kindlein spielen

35

Wallenstein-Spielplatz
auf der Hospitaler Bastion
Knieperwall auf Höhe Mönchstraße
www.stralsund.de

Naturgemäß herrschten derbe Sitten während des Dreißigjährigen Krieges (1618–1648). Pikeniere, Musketiere und Marketenderinnen schlugen sich auf freiem Feld. Heute, 400 Jahre später, können diese Kämpfe als Vorlage für spektakuläre „Räuber und Gendarmspiele" dienen. Wenn die Kanonen donnern und die Pulverdampfschwaden durch die Luft ziehen, dann zücken die Unerschrockenen ihre Musketen oder eben Holzschwerter und stürmen brüllend aufeinander los.

Und für alle, deren Herz nicht für solcherlei Derbheiten schlägt: Abseits von Wallensteins Truppen gab es viel Lebensfreude, jeder Tag konnte schließlich der letzte sein. Narren trieben ihre Späße, Tanz- und Gesangskünstler traten in den Straßen auf, Gaukler erzählten unglaubliche Geschichten. Für Kinder und deren Eltern also eine gute Inspirationsquelle. Am Rande des Spielplatzes bieten die Mütter und Väter Zungenschmaus aus den Bäckereien feil. Die Klänge der Sackpfeifen, Trommeln und Schalmeien müssen sich die Besuchenden des Wallenstein-Spielplatzes wahrscheinlich einfach denken.

Abseits von Wallensteins Truppen gab es viel Lebensfreude, jeder Tag konnte schließlich der letzte sein.

Einmal im Jahr feiert die Stadt den Sieg über die kaiserlichen Truppen des als „unbesiegbar" geltenden Generals Wallenstein von 1628. Das ungewöhnliche Stadtfest, das jährlich in der vierten Juliwoche von Donnerstag bis Sonntag stattfindet, fängt die Atmosphäre dieser Zeit mit Kostümen, Dekoration, Speisen, Musik und Darbietungen ein. Der 2019 freigegebene Wallenstein-Spielplatz steht ebenfalls in der Tradition des gescheiterten wallensteinschen Überfalls auf die Hansestadt.

Tretboote gibt es in Form von Schwänen und Autos

Vergnügen auf Stralsunder Art

36

Bürgergarten

Knieperdamm 80 b
18435 Stralsund
www.bürgergarten-stralsund.de

Wasser gibt es in Stralsund und um Stralsund herum. Einerseits im Strelasund, andererseits im Moor-, Knieper- und im Frankenteich. Da trifft es sich gut, dass viele Stralsunder und Stralsunderinnen, zumindest im Sommerhalbjahr, passionierte Wasserratten sind. Segeln, Schwimmen, Surfen – was gibt es noch? Den Bürgergarten, der nur zwei Ecken weit von dem Theater am Olof-Palme-Platz entfernt ist. Bisher ist das Gelände ein Freiluftlokal im Partyzelt-Ambiente. Von April bis Oktober gibt es Bier, Limo und Eis zwischen 10 und 21 Uhr in einem kleinen Haus am Steg. Doch das wird sich bald ändern: Rund 100 Meter entfernt wurde vor kurzem ein historisches Haus (Knieperdamm 5) abgerissen, das früher über kurze Zeit das Zentrum eines Bürgergartens war. Aus dem denkmalgeschützten Haus retteten die Betreiber des Bürgergartens eine Wintergarten-Veranda im Stil der Bäderarchitektur. Die Veranda soll ein charakteristisches Element des neuen Bürgergartenhauses werden. Jetzt kann man stundenweise Kajaks, Ruderboote und Tretboote mieten und bisher nur über den Knieperteich fahren und an einer kleinen Insel gegenüber anlegen. Die Silhouette der Altstadt zeigt sich aus einer anderen Perspektive. Von hier aus erscheint die Stadtmauer geradezu unüberwindbar. Zukünftig sollen, wenn es nach dem Willen der Betreibenden geht, die Boote nicht nur auf dem Knieperteich fahren, sondern, unter einer Brücke hindurch, in den Moorteich steuern können. Dort könnte am Ende, nahe dem Tierpark, dann ein Steg zum Aussteigen gebaut werden.

Die Silhouette der Altstadt zeigt sich aus einer anderen Perspektive.

Die Weißen Brücken teilen den Knieperteich

Fast schon autofrei durch die Stadt

Ausflug ins Grüne

37

Der Stadtwald am Moorteich ist ein attraktiver Grüngürtel innerhalb der Stadt. Er umfasst knapp 50 Hektar Wasser- und Landfläche. Ursprünglich eine Grundmoräne, ruht noch heute unter dem Moorteich eine bis zu sieben Meter dicke Torfschicht. Der sehr nährstoffreiche und feuchte Boden fördert Pflanzen wie Schilfröhrichte und Silberweiden. Neben vielen Wasservogelarten wie dem Blässhuhn, Graureiher und Haubentaucher kann man Fledermäuse, Frösche und Libellen beobachten. Einerseits verbindet der schöne Weg durch den Wald den Stadtteil Grünhufe mit der Altstadt, andererseits kann man mit dem Fahrrad eine gemütliche Tour um den Moorteich herum machen.

Nahe dem Tierpark, in der Barther Straße, beginnt die Radtour. Auf Höhe der Stadtkoppel zweigt ein Weg links in den Wald hinein. Im Stadtwald geht es bald rechts ab und führt durch den Wald am Ufer des Moorteichs entlang. Dann trifft der Weg auf die Friedrich-Engels-Straße. In die Altstadt geht es rechts ein Stück auf der Friedrich-Engels-Straße entlang, dann links über den Küterdamm, über die „Weißen Brücken", direkt auf die Altstadt zu. Für die Moorteich-Rundfahrt geht es auf der Friedrich-Engels-Straße nach links über die Brücke und dann gleich wieder links auf den Fußgänger- und Radweg. Der Weg mündet in der Straße An den Bleichen. Dort links wird die Straße schnell zum Weg. Dann links haltend führt der Weg durch einen Erlen-Eschen-Wald auf der Rückseite des Tierparks entlang zur Barther Straße zurück. Die Tour von rund fünf Kilometern ist auch als Spaziergang sehr beliebt.

Fahrradhandel Heiden

Handwerkerring 16
18435 Stralsund
Tel.: 03831 4828999
www.fahrradhandel-heiden.de

Ursprünglich eine Grundmoräne, ruht noch heute unter dem Moorteich eine bis zu sieben Meter dicke Torfschicht.

„Für das was du versprochen hast, mache ich alles"

Ein Atelier im historischen Dielenhaus

Keinen Sand in die Augen streuen

38

„Weil die Mauer ja eigentlich recht dick war, erlebten und gestalteten wir den Anschluss an das Weltgeschehen mit großer Bewusstheit", schreibt Jorinde Gustavs über die Zeit vor dem Mauerfall in ihrer Autobiografie „Bilder aus Leben und Kunst". Bilder sind für sie „Statements". Die Textil-, Installationskünstlerin und Performerin hat sich ihr Leben lang eingebracht in Politik und Gesellschaft. Sowohl mit ihren Kunstwerken als auch persönlich – für sie gibt es da keine Trennung. So konnte sie ihr Wohnhaus, das Fachwerkhaus im Stil eines niederdeutschen Bauernhauses, den Grünhufer Hof, vor dem Abriss retten. Sie kaufte es 1967 inmitten grüner Wiesen. Doch 1978 forderte das Amt zum Auszug, die Fläche sei für das Neubaugebiet Grünhufe verplant. Jorinde Gustavs ging auf die Barrikaden. „Ich träumte zum seelischen Kräfteausgleich von einem Haus in Kanada und machte eine Grundrisszeichnung." Hier fand sie genügend Kraft, denn sie kämpfte trotz einiger Niederlagen weiter: „Doch ich habe an den Ort Grünhufe geglaubt. Er ist durch die kontinuierliche Arbeit mit der Kunst jetzt ein Ort, der weit über seine Rolle als Familienwohnort hinausgeht." „Wie leicht ich der Welt fremd bin, wie lächerlich die Strafen, mit denen ihr mal Ja, mal Nein sagt", steht auf einer mit Rosen bestickten Tischdecke. Spitzentischdecken, Rüschen besetzte Mädchenkleider, aber auch Shirts und Taschentücher dienen Jorinde Gustavs oft als Fläche für ihre gedruckten, auch fragmentarischen, Texte oder dafür, um mit Nähten eine neue, eigene Struktur zu schaffen.

Atelier Jorinde Gustavs

Kirchstraße 11
18437 Stralsund
Tel.: 03831 496666
(nur nach telefonischer Anmeldung)

„Ich träumte zum seelischen Kräfteausgleich von einem Haus in Kanada und machte eine Grundrisszeichnung."

Jeder Trick erfordert stundenlange Übung, aber …

… am Stadtrand stören die Geräusche niemanden

Loops, Sprünge und Schwünge

39

Der Wohngebietspark Grünhufe, links und rechts der Lindenallee markiert den Stadtrand von Stralsund. Dahinter gibt es nur noch Feld und Flur. Doch dieser Park hält einige Überraschungen bereit: Auf der einen Seite der Lindenallee stehen Fitness-Geräte wie ein Stepper, ein Arm- und ein Rückentrainer. Auch ein Rundgang um den Teich, der von einem Nebenarm des Mühlengrabens – der Wasserader von Stralsund – gespeist wird, bietet sich an. Wer es wilder mag, ist auf der anderen Seite der Lindenallee richtig. Zwischen verwildert und angelegt wechseln sich undurchdringliche Büsche mit kleinen Plätzen ab.
Inmitten des zugewachsenen Parks liegt ein riesiger Platz, der die Herzen aller Skaterinnen und Skater höher schlagen lässt. Mit Kicker-Bank, Grind Pyra-Box, Hillramp mit Handrail, Vulcano Speedramp, Pyramide Kingsize, Transitionsbank und Treppe mit Anbauledge lädt er zu großen und kleinen Drehungen, Sprüngen und Kurven auf den Brettern ein. Aber nicht nur mit Brettern, auch mit Skootern und BMX lässt er sich befahren. Zusätzlich lockt ein Kletterturm und eine Kletterwand. Auf einem eigens dafür vorgesehen Platz kann man Volleyball oder Streetball spielen. Vormittags, während Schul- und Ausbildungszeiten, hat man den gigantischen Platz oft für sich alleine. Der Eintritt ist frei.
Die Szene in Stralsund ist recht aktiv.
Bei schlechtem Wetter weicht sie in die Skatehalle Stralsund aus.

Ein Park, der die Herzen aller Skaterinnen und Skater höher schlagen lässt

Skatepark Stralsund

Zugang von der Lindenallee
18437 Stralsund

Skatehalle Stralsund

Bike- and Boardsport MV e.V.
Am Kronhalsgraben 47
www.skatehalle-stralsund.de

Viele Reisende fahren von hier aus weiter auf die Insel

Geografische Wimmelbilder

40

Hauptbahnhof Stralsund

Tribseer Damm 75
18437 Stralsund

Die Wände im Bahnhof sind eine wahre Augenweide, schon alleine dafür lohnt es sich die Hansestadt mit dem Zug zu bereisen. Gestaltet hat die großformatigen Wandmalereien Erich Kliefert im Jahr 1935, mit 42 Jahren. Jeweils am unteren Bildrand rechts findet man das Entstehungsdatum und die Jahreszahlen, in denen das Bild bereits restauriert wurde. Detailreich zeigen sie die Stadt Stralsund, ihre Umgebung und die Insel Rügen in den 1930er Jahren. Dabei wirken sie wie Wimmelbilder ohne Menschen, lange kann man in der zugigen Bahnhofshalle verweilen und sich in den Darstellungen verlieren.

Erich Kliefert wurde im Juni 1893 in Berlin als Sohn eines Töpfers geboren. Zunächst erlernte er Glasmalerei und studierte anschließend vier Jahre am Königlichen Kunstgewerbemuseum Berlin. Nachdem er aus dem Ersten Weltkrieg zurückgekehrt war, besuchte er diese Ausbildungsstätte noch einmal und war ab 1921 als Kunsterzieher, Grafiker und Maler tätig. Drei Jahre später zog er mit seiner Frau, der Künstlerin Mathilde Kliefert-Gießen (1887–1978), nach Stralsund. Er gestaltete viel in seiner Wahlheimat, verließ sie nicht mehr, bis zu seinem Tod mit 101 Jahren. Er wirkte als Restaurator für das Denkmalamt und als Maler, auf Wänden, Decken, Kacheln und Glas, in öffentlichen Gebäuden. Der charismatische Mann soll oft „Da, guck mal da!" gerufen haben, bevor er sich mit diesem Enthusiasmus ans Werk machte. Dabei entstanden zahlreiche Landschaftsbilder von Stralsund und der Umgebung. 1993 ernannte ihn seine Heimatstadt zum Ehrenbürger.

Er gestaltete viel in seiner Wahlheimat, verließ sie nicht mehr, bis zu seinem Tod mit 101 Jahren.

Der Objektkünstler Raik Vicent beim Feinschliff

Aus altem und neuem Holz geschnitzt

41

Holzskulpturen Vicent

Am alten Marinehafen 10
18439 Stralsund
www.holzskulpt ren-vicent.de

Die Arbeit von Raik Vicent auf dem Dänholm, der kleinen Insel zwischen Stralsund und Rügen, ist nicht zu übersehen – und oft auch nicht zu überhören. Denn der Autodidakt schwingt seit 2006 die Kettensäge, um große Holzobjekte herzustellen. Auf dem Dänholm umgeben ihn 120 fertige Skulpturen, die unter freiem Himmel und in dem imposanten Kanonenbootsschuppen, seiner „Kunsthalle", zu sehen sind.

Die Formensprache bei den Holzskulpturen variiert stark, je nach Objekt oder Auftrag. Sie reicht von kampfeslustigen Wikingern und Neptun-Figuren über Skulpturen, die nur aus feingliedrigem Laub bestehen, bis hin zu Objekten, bei denen der Wuchs des Ausgangsmaterials, des Baumstamms, die Form mitbestimmt.

Neben Skulpturen stellt der produktive Künstler auch Geräte für Kinderspielplätze her. Für einen Spielplatz in Born auf dem Darß entwickelte Raik Vicent Kletter-Fische.

Auf Rügen fallen besonders seine Bänke ins Auge, denn er schnitzt Themen-Bänke. Auf der „Hans-Fallada-Bank" zum Beispiel, die bei Kap Arkona auf Wittow steht, stapeln sich an einer Seite übergroße Bücher aus Holz. In Stralsund behütet ein gigantischer Neptun den Eingang der Geschäftsstelle der regionalen Wasser- und Abwassergesellschaft (REWA, Bauhofstraße 5, 18439 Stralsund).

Ein Blick auf sein Werk auf dem Dänholm lohnt in jedem Fall …

Seine Kunstfertigkeit gibt Raik Vicent gerne weiter, auf Anfrage bietet er Schnitzkurse an. Ein Blick auf sein Werk auf dem Dänholm lohnt in jedem Fall, arbeitet er vor Ort, ist auch seine Kunsthalle offen.

Noch schlummert der Dänholm im Dornröschenschlaf

Die Kriegsinsel im Strelasund

42

Zwischen Stralsund und Rügen liegt der gerade mal 95 Hektar große Dänholm. Wiewohl etliche Seemeilen von Dänemark entfernt, rührt der Name tatsächlich von den alten Dänen her. Urkundlich erstmals 1314 belegt, folgerte der Historiker und Theologe Otto Fock (1819–1872), dass der „deneholme" wohl der bevorzugte Ankerplatz der Dänen war. Im Laufe der Stralsunder Geschichte übernahmen die Dänen tatsächlich immer wieder die Macht. Zum Beispiel im Nordischen Krieg 1715, wo sich Dänen, Preußen und Sachsen im Gefecht gegen die Schweden durchsetzten. Der Krieg und die kleine Insel Dänholm – sie scheinen schon seit Wallensteins Überfall 1628 auf das innigste verbunden zu sein. Galt der nährstoffreiche Boden der Insel mit den moorigen Niederungen im Süden den Menschen bis dahin als fruchtbare Anbaufläche, so war dies nach der Entdeckung der strategischen Lage vorbei. Im Inselkern hielt sich der Ackerbau noch, während Anfang des 19. Jahrhunderts die sumpfige Niederung im Süden trocken- und ein Hafen angelegt wurde. Und ob Sternschanze, Wallgraben-Befestigungen oder Exerzierhaus der Kriegsmarine – auf dem Dänholm gibt es das alles.

Heute hat er mit dem wenigen Betrieb, des Hafens, der 123 Einwohner, der Polizeistation, des Marinemuseums und des, teils geschlossenen, Nautineums, eine verzauberte Stimmung. Die Ostmole des Hafens wird erweitert, neben mehr Liegeplätzen für Sportboote soll es einen Anleger für Flusskreuzfahrtschiffe geben.

Wiewohl etliche Seemeilen von Dänemark entfernt, rührt der Name tatsächlich von den alten Dänen her.

Kantine Längsseits

Zum Kleinen Dänholm 22
18439 Stralsund
Tel.: 03831 470167
www.wfbm-stralsund.de

Traumhafte Ausblicke auf die abwechslungsreiche Küste

Eine Küstenstraße für das Fahrrad

43

Ostseeküsten-radweg
in 13 Etappen
www.radkompass.de

Die als Ostseeküsten-Radweg bekannte D-Route-2 zwischen Flensburg und Ahlbeck hat eine Gesamtlänge von 1.100 Kilometern. Und selbst diese beachtliche Strecke kann noch erweitert werden, denn die D-Route-2 ist Teil der EuroVelo-Route EV10. Diese Tour führt einmal rund um die Ostsee. Der Ostseeküsten-Radweg in Deutschland durchquert die Holsteinische Schweiz, Lauenburg, führt durch die Mecklenburgische Schweiz und endet direkt vor der polnischen Grenze. Stete Begleiterin dieser abwechslungsreichen Route ist die Ostsee mit ihren vielen Facetten. Doch auch Küstenorte und -städte wie Flensburg, Fehmarn, Travemünde, Heiligendamm, Wismar und Fischland-Darß-Zingst liegen auf dem Weg. Insgesamt 13 Tagesetappen benötigt man für die Strecke, mehr geht natürlich immer.

Stete Begleiterin dieser abwechslungsreichen Route ist die Ostsee mit ihren vielen Facetten.

Seit 2015 verfügt Stralsund über einen insgesamt 14 Kilometer langen asphaltierten Streifen nah am Wasser für Radfahrende. Nachdem der Radweg von Zingst aus über die Brücke wieder auf das Festland führt, geht es zunächst landeinwärts weiter. Auf die Küste stößt er wieder im Parower Hafen, einem Ort nördlich von Stralsund. Hier geht es über die Stadtgrenze hinweg immer am Strelasund entlang. Erst am Stralsunder Hafen schwenkt der Weg ein Stück weg von der Küste. Das Gelände der Werft weiträumig auslassend, mündet er hinter der Justizvollzugsanstalt wieder an der Küste, wo er bis zur Ortschaft Devin bleibt. Eine Weiterführung dieses küstennahen Verlaufs bis in die Hansestadt Greifswald ist in Planung.

44

Müßiggang im Palais

Stadtbibliothek Stralsund

Badenstraße 13
18439 Stralsund
Tel.: 03831 253678
www.stadtbibliothek.stralsund.de

Ursprünglich ließ der Kaufmann Johann Victor Ehlers um 1725 das Palais in der Badenstraße errichten. Seit 1920 befindet sich hier die Bibliothek. **Die behutsame Sanierung des Gebäudes gewährt einen „Blick durchs Zeitfenster".** Im Lesesaal, in der Belletristik-, der Sachbuchabteilung und in der Kinderbibliothek unterm Dach laden Sessel zum Verweilen ein. Die großzügigen Öffnungszeiten (siehe Website der Bibliothek) decken das Bibliothekspersonal und eine Fremdfirma ab. 70.000 Bücher, viele Filme, Hörbücher und Musik-CDs sowie e-Medien können entliehen werden. Gäste bezahlen eine Tagesgebühr.

Beispiel für die historische Beschilderung in der Altstadt

Ein Ort für viele Unikate

45

Kalypso
Produzentengalerie
Külpstraße 13
18439 Stralsund
www.kalypso-stralsund.de

Nicht direkt in der Fußgängerzone, aber nur einen Steinwurf vom Alten Markt entfernt, befindet sich ein Geschäft mit sorgfältig hergestellten Dingen aus Textil, Keramik und Papier. Die Schneiderin Asta Rutzke entwirft und produziert Mode für Frauen. Die Designerin Adele Todemann gestaltet Postkarten und andere Papierobjekte. Kathrin Jakobs, Töpferin, stellt Gefäße und Schmuck her, Margot Stühle bereichert das Angebot durch plastische Objekte. Alle vier Kunsthandwerkerinnen wohnen in Stralsund oder in der Umgebung. Dass ihre Zusammenarbeit funktioniert, wissen sie von ihren Jahren in ihrer gemeinsamen Galerie in Güstrow.

Raku – Kathrin Jacobs stellt Keramik auf japanische Weise her

46

Das passende Buch zum Weltkulturerbe

ABC Antiquariat und Buchhandel

Badenstraße 44
18439 Stralsund
Tel.: 03831 285094
www.abc-antiquariat.de

In einem gut sortierten Buchladen schmökern – für viele echtes Urlaubsflair. Während sich die Neuerscheinungen in den Ketten-Buchhandlungen auf den Tischen aneinanderreihen, ist in der ABC-Buchhandlung die Welt noch in Ordnung. Die Inhaberin Katharina Hanschel und ihr Mann Volker Zeitz haben sich entschieden, neue Bücher und Antiquariat zusammenzufügen. **Dadurch erscheint das Buch etwas aus der Zeit gefallen**, die Jagd nach dem Aktuellsten kann eine Pause machen. Das kombiniert mit den großzügigen Räumen in einem Doppelgiebelhaus inmitten eines wunderschönen Straßenzugs von Stralsund.

Katharina Hanschel vor einigen der rund 20.000 Schmöker

Erweiterte Körperpflege

47

Die Straße mit dem merkwürdigen Namen „Badstüberstraße" geht auf die Betreiber von öffentlichen Badeeinrichtungen, den Badestuben, zurück. Erstmals urkundlich erwähnt wurde die Gasse 1288. Im Mittelalter und der frühen Neuzeit galten Badehäuser als gesellschaftliche Treffpunkte. **Gebadet wurde, nach Geschlechtern getrennt, samstags oder vor Feiertagen.** Auch wurde rasiert, wurden die Haare geschnitten oder kleinere chirurgische Eingriffe wie Zähne ziehen, schröpfen oder Aderlass vorgenommen. Einige Badehäuser fungierten gleichzeitig als Bordell. Die Häuser der Badstüberstraße 13, 15, 16 und 22 stehen auf der Liste der Baudenkmale.

Lesetipp
Jörg Matuschat „Stralsunder Geschichte von A bis Z", Stralsund 2004

Heute ist die Badstüberstraße eine bezaubernde Gasse

48

Nachtwächter mit Gesellschaft

Tourismuszentrale
Markt 9
18439 Stralsund
Tel.: 03831 252340
www.stralsundtourismus.de

Früher streiften Nachtwächter einsam durch die Straßen und passten auf. Sie hofften, alleine zu bleiben, denn wer umherschlich, führte nichts Gutes im Schilde. Auch heute ziehen Männer im traditionellen Nachtwächtergewand, mit Umhang und Laternenstange, durch Stralsunds Altstadt. Doch sie sind umringt von Leuten, die ganz und gar nicht verrucht wirken, sondern eher neugierig. Denn die Stralsund-Kenner haben sich für eine eineinhalbstündige Stadtführung verkleidet. **Anekdoten und kleine Geschichten aus früheren Zeiten plaudern sie auf ihren Rundgängen aus.** Im Sommer bietet die Tourismuszentrale zusätzlich eine kulinarische Stadtführung an.

Zur Sicherheit: Ein Rundgang mit historischer Lanze

Stumme Schwätzerinnen

49

Eng aneinander geschmiegt blicken drei hübsche Mädchen die Fährstraße hinunter. Sie sprechen nicht. Neugier und Unschuld ist auf ihren Gesichtern zu lesen. Eine deutet stumm mit dem Zeigefinger in die gemeinsame Blickrichtung. Wen sehen sie wohl vom Hafen hinaufkommen? Am Mägdebrunnen stehen die Schönen und haben den unpassenden Namen „Die geschwätzigen Weiber" erhalten. Der gebürtige Leipziger Günter Kaden (geb. 1941) schuf den Brunnen und die Bronze-Mädchen im Jahr 2003. Der Steinmetz und Bildhauer zog 1979 nach Wendischhagen bei Malchin und machte zahlreiche Plastiken an vielen Orten in Mecklenburg-Vorpommern.

Mägdebrunnen
Fährstraße
18439 Stralsund

Dieser Bronze-Finger zeigt die Straße hinab zum Hafen

50

Schiet-Wetter? Ab in die Sauna!

Romantik Hotel Scheelehof
Fährstraße 23–25
18439 Stralsund
Tel.: 03831 283300
www.scheelehof.de

Der Name „Scheelehof" stammt von dem Chemiker Carl Wilhelm Scheele (1742–1786), der hier geboren wurde. Heute beherbergt das Backsteinhaus ein Vier-Sterne-Hotel mit hanseatischem Restaurant und einer Kneipe im Gewölbekeller. Im Wellnessbereich werden Massagen und andere Anwendungen angeboten. Der besondere Tipp: **Der Saunabereich – ein Dampfbad, eine Bio- und eine Finnische Sauna – ist auch für Gäste geöffnet.** Aber nur von Sonntag bis Donnerstag! Zwischen 15 und 20 Uhr (im Winterhalbjahr bis 22 Uhr) haben auch Außer-Haus-Gäste die Möglichkeit, den gepflegten Sauna- und Ruhebereich zu genießen.

Ein Hotel mit Wellnessbereich in historischen Gemäuern

Ein Stück Seele der Stadt

51

Auch wenn die Külpstraße direkt vom Alten Markt abgeht, ist sie selbst im Sommer eine stille Gasse. Hier spürt man die Atmosphäre der historischen Altstadt auf besondere Weise. Die Häuser Nr. 5, 6, 9 und 11 stehen unter Denkmalschutz. Zu diesen schön renovierten Häusern scheint die Außenwerbung einer Kneipe nicht zu passen. Andererseits ist Stralsund keine Museumsstadt, hier wird auch gelebt. Das denkmalgeschützte Giebelhaus in der Külpstraße 5 stammt aus dem 14. Jahrhundert. Es hieß „Stettiner Herberge" und gilt als besonderes Beispiel der gotischen Architektur aus der Zeit der Stadtgründung.

Külpstraße 5
www.stralsundtourismus.de

Das Wort „Tapezierer" stammt von „tapissier"

52

Chillen an der Schillstraße

Franziskanerkloster St. Johannis
Schillstraße 27/28
18349 Stralsund

Von der Schillstraße zweigt die kleine Sackgasse „Am Johanniskloster" ab. Sie endet in einem stillen Innenhof mit einigen Bänken. Hier wurde im Jahr 1254 ein Franziskanerorden gegründet. Den Bettelmönchen war dieser Hof am Stadtrand im Armenviertel von Stralsund zugewiesen worden. Von Beginn an bis 1624 waren die Franziskaner auf Stiftungen angewiesen, aber es fehlte nicht an Unterstützung durch Stralsunder und Rügener Bürger und Adelige. **Die Franziskaner waren beliebt, auch wegen ihrer Predigten**, die sie in verständlicher Sprache hielten. Heute steht im ehemaligen Klosterhof eine jüdische Gedenk-Stele.

Ein Klosterhof mit Blick auf den Sund

Sterbeort eines Freiheitskämpfers

53

Ferdinand von Schill (1776–1809) kämpfte seit seinem 14. Lebensjahr im Husarenregiment. Er verteidigte Kolberg erfolgreich gegen die französische Besatzungsmacht. Da sich die preußische Regierung seiner Ansicht nach zu passiv verhielt, **beschloss Major Schill auf eigene Faust loszuschlagen**. Er nahm mit seinem Husarenregiment Damgarten ein und ritt durch das Triebseer Tor in Stralsund ein. Tage danach kamen 6.000 dänische und holländische Soldaten zur Unterstützung der Franzosen und Schill fiel, von einer Kugel getroffen, im Straßenkampf. Dem Toten trennte man den Kopf ab und verscharrte den Körper auf dem St. Jürgen Friedhof.

Schill-Stein

vor dem Haus
Fährstraße 21

Schill-Denkmal

am Olof-Palme-Platz
www.mv-trip.de

Ein Stolperstein aus einem anderen Krieg

54 Der Kern von Stralsund

Bechermacherstraße
www.stralsundtourismus.de

Ein Torbogen an der Semelowerstraße läutet diese nördliche Hälfte der Bechermacherstraße ein, auf der anderen Seite, an der Fährstraße, geht man durch einen weiteren wieder „hinaus". **Über der Straße wölben sich viele Stützen und Bögen, die ihr ein einmaliges Flair verleihen.** Von hier aus begann die Stadt im Mittelalter zu wachsen. In der Bechermacherstraße 2 steht eines der letzten Beispiele einer Bude aus dem Mittelalter. Eine Bude war ein kleines traufenständiges Haus, das überwiegend von Handwerkern oder einfachen Kaufleuten bewohnt wurde.

Der Nachkriegsbau nimmt die Tradition der Bögen auf

Humor hinter Backsteinmauern

55

Das hätte niemand für möglich gehalten: Statt mit Weizen oder Roggen ist ein Teil des ehemaligen Kornspeichers im Hafen nun mit Humor gefüllt. Denn im Erdgeschoss des geschichtsträchtigen Silos befinden sich Bilder, Cartoons und Satire-Bände. Zeitschriften und Bücher können die Besucherinnen und Besucher käuflich erwerben, bei den Bildern der Ausstellung schmunzeln oder lachen. Viele Gemälde stammen von dem Münsteraner Künstler Rolf Tiemann. **Oft malt er Alltagssituationen, die eigenartig, originell, überspannt, unvernünftig, unkonventionell oder einfach nur irre sind.**

Die Ausstellung ist täglich von 11 bis 17 Uhr geöffnet.

Skurrileum
Museum für komische Kunst
Hafenstraße 7
18439 Stralsund
www.skurrileum.de

Rolf Tiemann, Hühnerurlaub am Meer

56 Blaue Stunde in der Altstadt

Ev. Kirchengemeinde St. Nikolai
Auf dem St. Nikolaikirchhof 2
18439 Stralsund
www.hst-nikolai.de

Auf dem Nikolaihof fällt das längliche, eigentümlich erscheinende Backsteinhaus mit den aufgerichteten gotischen Giebeln ins Auge. **Hier drückten einst die Söhne hanseatischer Kaufleute die Schulbank** und lernten Latein. Gutachter datierten den Dachstuhl auf 1347. Bei der Gelegenheit fanden sie eine Kuriosität: Unter der Kellerwohnung gibt es einen weiteren Raum – einen „zweigeschossigen" Keller. Sanierungen erhielten auch das Interieur aus dem 16./17. Jahrhundert. Das Haus wird vom Pfarramt genutzt. Dem Zauber der Altstadt bei hereinbrechender Nacht kann man besonders gut auf einer der Bänke im Nikolaihof beiwohnen.

Die Jakobiturmstraße im Laternenschein

Vertrauen ist gut …

57

Gemäß alter Tradition sind vor einiger Zeit Geschäfte in das Erdgeschoss des Rathauses gezogen. 1270 erstmals in schriftlichen Quellen erwähnt, diente das Haus als Sitz des Rates, zur Rechtsprechung und als „kophus" (Kaufhaus). In den Räumen auf der Südseite stand in einer Wandmulde hinter Gittern die Stadtkasse, mit acht Schlössern gesichert. Erst wenn die Vorsteher der acht Stadtteile beisammen waren, konnten die Rechnungen beglichen werden. Heute werden Milchkaffee und Linsencurry direkt beglichen. Vor dem Durchgang des Rathauses laden originelle Korbstühle, die von der Decke baumeln, zu einer Rast ein.

Café
Der Hühnergott
Alter Markt 9
18439 Stralsund
Tel.: 03831 3092787
www. cafe-hühner
gott.de

In dieser Aussparung stand die Stralsunder Stadtkasse

58 Der letzte Berufsfischer Stralsunds

Dänholm Fisch
Zum kleinen Dänholm
18439 Stralsund
Tel.: 0178 7955192

Vor 20 Jahren hat Claas Wollna die Fischerei von seinem Vater übernommen und führt sie seither trotz aller Schwierigkeiten weiter. Neben der immer strenger werdenden Fangquoten und dem deutlichen Rückgang der Fischbestände gehört auch die Vermarktung in Zeiten großer Lebensmittelmarktketten zu diesen Hürden. **Zusätzlich befindet sich Wollnas Fischkutter und seine Verkaufsstelle im hintersten Winkel auf der Insel Dänholm.** Doch da bietet er von Montag bis Freitag zwischen 7 Uhr morgens und 12 Uhr mittags geräucherten und, natürlich, fangfrischen Fisch sowie zubereitete Salate an.

Für heute zurück im Heimathafen: Claas Wollna

Findige Geschäftsideen bis heute

59

Als der Kaufmann Johann Wiechmann 1871 ein Fässchen seines eingelegten Fischs nach Berlin schickte, muss ihm angst und bange gewesen sein. Denn Hering galt als der Armenfisch, und dass ein so bekannter Adeliger seinen Namen dafür hergeben würde, war alles andere als sicher. Doch Otto von Bismarck probierte und zauderte nicht lange. Bis heute sind solche guten Geschäftsideen in der Heilgeiststraße zu Hause. Ob der Bismarckhering aus dem Fischhandel Rasmus, Blumen aus dem stilvollen „hanabi", das beinahe paradiesische Lebensmittelangebot vom „Reformhaus Ganzen" oder ein guter Tropfen aus dem „Weinkontor".

Reformhaus Ganzen
Heilgeiststraße 14
18439 Stralsund
Tel.: 03831 294468
www.bio-stralsund.de

Die Nebenstraße mit ihren kleinen Geschäften lädt zum Verweilen ein

60 Bei den Hanseaten zu Hause

Museumshaus
Mönchstraße 38
18439 Stralsund
www.stralsund-museum.de

Steile Treppen und Stiegen führen über den bescheidenen Wohnbereich und das Kontor immer weiter hinauf, von einem Lagerboden zum nächsten. Das hölzerne Aufzugsrad wirkt, als habe es sich eben noch gedreht und Waren hinunter transportiert. Ein Kaffeesack wurde vergessen und weilt nun einsam auf den Dielenbrettern. Hier ist die Vergangenheit zum Greifen nah. Über die gesamte Hansezeit (1293–1628) wurde von diesem historischen Giebelhaus aus Handel getrieben. Um 1320 gebaut, gilt es als eines der ältesten Häuser seiner Art in Stralsund. Eine Besichtigung ist unbedingt empfehlenswert.

Selbst reiche Händler führten kein luxuriöses Leben

Lauf nie ohne Buch an den Strand

61

„Zwischen ‚genial' und ‚völlig bescheuert' ist sowieso nur ein schmaler Grat", dachten sich Katrin und Peter Hoffmann 2014, und eröffneten mitten in den Erwartungen, dass E-Book und Tablet jedes gedruckte Werk bald ersetzen würden, einen Buchladen. Das Flair des kleinen Geschäftsraums im Museumshaus greifen sie mit einer akzentuierten Auswahl von Literatur auf. Man stöbert Klassiker auf, wie Thomas und Heinrich Mann, Jugendbücher von Ottfried Preußler und Benno Pludra, aber auch aktuelles von Adolf Muschg und Julia Schoch. „Küstenliteratur", auch vom hauseigenen Strandläufer-Verlag, ist auch dabei.

Strandläufer Verlagsbuchhandlung
Mönchstraße 38
18439 Stralsund
Tel.: 03831 6660555
www.strandlaeufer-verlag.de

Katrin Hoffmann wagte es, einen Buchladen zu eröffnen

62

Allen Schicksalsschlägen zum Trotz

Kulturkirche St. Jakobi

Kreisdiakonisches Werk Stralsund e.V.
Jacobiturmstraße 28 a
18439 Stralsund
Tel.: 03831 309696
www.kdw-hst.de

Die im 15. Jahrhundert fertiggebaute Jakobi-Kirche ist wohl diejenige in Stralsund, die im Laufe der Zeit den größten Schaden durch Kriege und Unglücke davongetragen hat: Blitzschlag 1662, sechs Jahre später brannte der Turm während einer Stadtbelagerung erneut ab. Auch im Nordischen Krieg 1711 litt St. Jakobi. Am schlimmsten traf es sie 1944 bei dem Bombenangriff. Bis in die 1990er restaurierte man den Innenraum. **Ein paar Jahre fungierte der Kirchenraum als Parkplatz für Baufahrzeuge.** Heute zeigt das Blendwerk jeden zweiten Donnerstag einen Kinofilm, es gibt Ausstellungen und Aufführungen vor großartiger Kulisse.

Die traditionelle Pilgerkirche im Häusergewirr

Spuren der Schwedenherrschaft

63

Ehemaliges Pfarrhaus

Jacobiturmstraße 17
18439 Stralsund

Das ehemalige Pfarrhaus von St. Jakobi befindet sich in der Jacobiturmstraße, Ecke Langenstraße. Die rekonstruierte Fassade aus dem 17. Jahrhundert mit den Bogenfenstern und den drei Portalen mit Gesims ist heute karmesinrot gestrichen. Hier lebte, direkt nachdem Stralsund 1815 an Preußen fiel, über 27 Jahre Pfarrer Gottlieb Mohnike (1781–1841) mit seiner Frau und neun Kindern. Der Freund Ernst Moritz Arndts (1769–1860) war zeitlebens ein umtriebiger Intellektueller. Besonders verdient machte er sich als Übersetzer schwedischer und norwegischer Werke. Er gilt als Begründer der Skandinavistik.

Ehemaliges Pfarrhaus und Übersetzungsbüro

64

Eine weitreichende Entscheidung

Lambert-Steinwich-Denkmal
Wulflamufer
18439 Stralsund

In der Regel ziehen Denkmale nicht um. Noch dazu ein so stattliches, wie das von Lambert Steinwich (1571–1629), das 1904 der Bildhauer Wilhelm Jacobi (1863 bis nach 1921) fertigte. Lag der 1937 von der Stralsunder Bürgerschaft beschlossene Umzug vom Alten Markt zum Frankenteich nun daran, dass der Bildhauer Jude war? Oder daran, dass der in Düsseldorf geborene Jurist Lambert Steinwich 1628 schwedische und dänische Truppen zu Hilfe holte, um Wallensteins Belagerung niederzuschlagen? **Das führte zu einer fast 200 Jahre andauernden Schwedenherrschaft**, die Stralsund tief geprägt hat.

Die Bronzeskulptur an ihrem heutigen Standort

Nautik im Leuchtturm

65

Abseits der Touristenschwärme gibt es in der Marienstraße einige schöne Giebel- und Backsteinhäuser zu entdecken. Tradition haben das 1866 erbaute Ärztehaus und die seit 1950 bestehende Apotheke. Neben dem überragenden Kirchturm sieht man noch einen weiteren, der äußerlich an einen Leuchtturm erinnert. In dem davorstehenden Gebäude wurden von 1853 bis 1921 Seefahrer ausgebildet. Zu der Navigationsschule gehörte der Turm, der den Schülern astronomische Beobachtungen erlaubte, die in der Seefahrt ohne Ortungstechnik unabdingbar waren. Heute ist in dem Gebäude ein Teil des Sozialamtes untergebracht.

Ärztehaus Am Frankenwall

Marienstraße 2–4
18439 Stralsund

Hoch über den Dächern ein Platz für Sternenkieker

66 Design mit geschultem Blick

Fotostudio Rotwang
Katharinenberg 13 a
18439 Stralsund
Tel.: 0179 3950673
www.fotostudio-rotwang.de

Das Geschäft liegt versteckt in einer Seitengasse der Fußgängerzone. **Doch ein Blick ins Schaufenster offenbart, dass sich der Abstecher gelohnt hat**: Gepflegte und teils restaurierte analoge Kameras stehen hier aufgereiht, daneben Wohnraumleuchten in außergewöhnlichem Design. Der Ladeninhaber ist professioneller Fotograf und macht natürlich auch Pass- und Familienfotos. Gleichzeitig ist er Sammler: Hochspannungs-Isolatoren, Gugelhupf-Backformen, Zahnräder, Orgelpfeifen und die Gestelle von Campingkochern sind darunter. Material, das er mit geschultem Blick und mechanischem Sachverstand zu einzigartigen Leuchten im „Industrie-Labor-Stil" zusammenfügt.

Nils Kinder schätzt die Schönheit antiker Dinge

Porzellan aus dem Rokoko

67

„Strålsunds Porslinsfabrik" bestand während der Schwedenzeit von 1755 bis 1792. Gegründet hatte sie der lebenslustige Stralsunder Bankier und Kaufmann Joachim Ulrich Giese (1719–1780) aus einem Zufall heraus. **Am Dornbusch auf Hiddensee fand er Ton und ließ dessen Beschaffenheit untersuchen.** Das Ergebnis war so überwältigend gut, dass bereits zwei Jahre nach Gründung der Stralsunder „Fayencenmanufaktur" zwölf Arbeiter auf Hiddensee mit dem Abbau beschäftigt waren und 57 Frauen und Männer mit der Herstellung. Einige spektakuläre Fayencen sind im Stralsund Museum ausgestellt, das nach umfangreicher Renovierung 2024/25 wiedereröffnet wird.

Mönchstraße 25-28
18439 Stralsund
Tel.: 03831 253617
www.hansestadt-stralsund.de

Diese „bewachte" Federschale entstand 1769

68

Ein Souvenir direkt aus dem Meer

Strandgut
Wasserstraße 75
18439 Stralsund
Tel.: 03831 3092979
www.strandgut-stralsund.de

Einen Traum Realität werden zu lassen, diesen Schritt wagen nicht viele Menschen. Dietlind Jahn ging ihn und eröffnete 2012 ihren Laden. Ein wichtiger Bestandteil ihres Arbeitslebens ist seither die Suche nach Material am Strand. „Ich hauche den Dingen gerne ein zweites Leben ein", sagt sie. Aus kleinen Treibholzstücken baut sie beispielsweise Bootsrümpfe und bringt eine Takelage an. Mit selbst genähten Mini-Segeln bestückt, hängen die Jachten dann – teilweise als Mobiles – an unsichtbaren Fäden von der Decke. Auch Dekoratives und andere originelle Souvenirs finden sich in dem versteckten Laden.

Dietlind Jahn nutzt ihren Laden auch als Werkstatt

Der beste Suppentopf der Stadt

69

Manche Urlauberinnen und Urlauber haben das Touristenleben satt und fragen sich: Wo trifft man sich hier so? Wenn diese Frage in den Mittagsstunden auftaucht, dann ist es Zeit, die Suppenmacher unweit des Meeresmuseums aufzusuchen. Hier sind die Einheimischen versammelt und essen spanischen Bohnentopf mit Chorizo-Wurst, vegane Süßkartoffel-Porree-Suppe oder asiatische Tom Kha Gai. Prämiert wurden die Suppenmacher 2015 vom Feinschmecker-Magazin für ihre leckeren Töpfchen ohne Konservierungsstoffe oder Geschmacksverstärker. Doch da wussten die Stralsunderinnen und Stralsunder längst, wo man die beste Suppen der Stadt bekommt.

Die Suppenmacher
Böttcherstraße 36
18439 Stralsund
Tel.: 03831 469891
www.diesuppenmacher.de

Ralf Kasten sorgt für eine täglich neue Auswahl

70

A very British Teatime

Tee Boutique

Heilgeiststraße 89
18439 Stralsund
Tel.: 03831 9466322
www.teaboutique.de

Kein Firlefanz, sondern moosgrüne Teedosen in Reih und Glied sowie liebevolle Details erwarten die Kundinnen und Kunden in der Tee-Boutique. **Laden-Inhaber Dirk Möller lebt Tee.** Wiewohl er grüne, Rooibos- und Früchtetees, als auch ayurvedische Mischungen anbietet, treibt ihn vor allem eins um: der englische Tee und seine Zeremonie. Neben unzähligen Ronnefeldt-Teesorten und original englischem Porzellan, gibt es im Hinterzimmer einen bis ins kleinste Detail originalen „Tea Room". Mit kurzfristiger Voranmeldung kann hier am künstlichen Kamin eine echte englische Teezeit mit Scones, Shortbread und Co. eingenommen werden.

Inhaber Dirk Möller in englischer Umgebung

Belagerung und böhmische Knödel

71

Wirtshaus Wallensteinkeller
Mühlenstraße 22
18439 Stralsund
Tel.: 03831 667922
www.wallensteinkeller.de

Vom Frühjahr 1628 bis Anfang Juli belagerte der böhmenstämmige Albrecht von Wallenstein (1583–1634), Landesfürst von Mecklenburg, die Hansestadt Stralsund. Ab Mitte Mai wurde auf die Stadt geschossen. Ziel war, den Stadtrat dazu zu bewegen, die kaiserliche Obergewalt anzuerkennen. Doch der blieb, echt norddeutsch, stur. **In diesem Sommer der Not wurde unter dem hungernden Volk die heutige Speisekarte des Wallensteinkellers erträumt**: Saftige Schweinshaxe, böhmische Knödel und allerlei Kraut dazu. Kerzenlicht, verkleidete Bedienungen und Essen ohne Besteck zaubern das Flair dieser Zeit in den Keller.

Ein mittelalterliches Schmausen mit den Händen

72

Wohnen im Herzen der Altstadt

Pension Altstadt Mönch
Mönchstraße 60
18439 Stralsund
Tel.: 03831 444671
www.pension-altstadtmoench.de

Mit viel Liebe und einem echten Gespür für stilvolle Details haben die Inhaberinnen Monika und Ilka Herrmann das historische Haus ausgestattet. Jedes der Doppelzimmer ist individuell gestaltet, der Frühstücksraum ein wahres Kleinod mit einem Frühstück, das weit über den Standard hinausgeht. Das Haus in der ruhigen Seitenstraße der Altstadt ist über 200 Jahre alt. Es wurde um 1706 nach einem Straßenbrand neu errichtet. Der ganze Straßenzug in der Mönchstraße besteht aus historischen Gebäuden. Eine gelungene Umgebung, um sich die Weltkulturerbe-Stadt anzusehen.

Zimmereinrichtung: Alt und neu elegant vereint

Kirchlein und Giebelhäuschen

73

Sogar der Blick kann sich in den kleinen Altstadtgassen von Stralsund verlieren. Hat St. Marien wirklich nur eine Kirchturmhaube? Welche Häuser in der Mühlenstraße sind alt, welche neu? Bis ins kleinste Detail sind Altstadt und Hafen im Mini-Format ausgearbeitet. Bei schlechtem Wetter ist diese Ausstellung eine gute Variante zum Regenspaziergang. **Noch dazu befinden sich die rund 30 Modelle in einem rekonstruierten Giebelhaus.** Das Innere entspricht dem Aufbau eines gotischen Kaufmannshauses, wie es von ca. 1250 bis 1500 aufgebaut war.

Gotisches Dielenhaus

Mühlenstraße 3
18439 Stralsund
www.stralsundtourismus.de

Jedes einzelne Haus im Miniaturformat nachgebildet

74

Schokoladig, fruchtig, würzig süß

Kaffee Monopol
Mühlenstraße 55
18439 Stralsund
Tel.: 03831 2034554
www.kaffee-monopol.de

Die Suche nach dem perfekten Kaffee sollte am „Monopol" nicht vorbeiführen, denn das Personal strebt eine Monopolstellung an. Die Inneneinrichtung des kleinen Cafés lässt an 1960er Retro-Läden in Metropolen wie Berlin, Prag oder Paris denken. Wer allerdings Ruhe sucht, ist hier falsch, es ist ein ständiges Kommen und Gehen. Die schmackhaften Kaffeesorten werden vor Ort geröstet, und viele Stralsunderinnen und Stralsunder schätzen sie sehr. Ebenso wie den kleinen Plausch über einer sanft gewölbten Haube Milchschaum zur Mittagsstunde oder nach Feierabend – bei allen möglichen Wettern auch gerne auf der Parkbank vor der Tür.

Daniel Skrentny sorgt für den passenden Geschmack

Mit Blick auf das Weltkulturerbe

75

Warum die Hansestadt Stralsund 2002 von der UNESCO zum Weltkulturerbe erklärt wurde, davon erzählen nicht nur die Schaugiebel und die Backsteingotik in der Altstadt. Auch die von Kanälen umflossene Hafeninsel mit ihren alten und neueren Speichern, Spelunken und Schiffen bewog das Komitee dazu. Und die Silhouette der Stadt ist eine wahre Augenweide. Ob von der Insel Dänholm aus, dazu fährt oder läuft man auf den Rügendamm und schwenkt kurz vor dem Ortsausgangsschild links hinab. Oder vom ersten Dorf Rügens aus, von Altefähr. Dort gibt es zum Panoramablick noch einen „Leichtmatrosen" und erlesene Speisen.

Restaurant Strandhaus Altefähr

Strandpromenade 10
18573 Altefähr auf Rügen
Tel.: 038306 62450
www.strandhaus-altefaehr.de

Vom Dänholm aus auf die Altstadt gesehen

76 Kaltgetränke und Segelstoff

Wasserstoff Segelmacherei & Gastronomie
Badenstraße 24/25
18439 Stralsund
Tel.: 03831 2258565
www.deinwasserstoff.de

Genau auf der Schwelle von Altstadt und Hafen haben die Jungunternehmer Arne Möhring und Philipp Kleemann 2018 eine Bar mit einer einzigartigen Kombination eröffnet: **Segelnde, Surferinnen und Kiter können sich hier die Zeit vertreiben, bis ihr Material in der Werkstatt nebenan repariert ist.** Man muss aber nicht unbedingt Wassersport treiben, um in der Bar an dieser belebten Straßenecke Kaffee, Bier, Limonade oder Snacks zu sich zu nehmen. Einen schönen Blick in den Hafen gibt es gratis dazu.

Inhaber Arne Möhring an der gut ausgestatteten Bar

Tribut-Zoll für gutes Eis

77

Das „Thorcontroll-Etablisement" steht direkt an der Badenbrücke. Früher machten die rechts und links aufragenden Befestigungsmauern mit Schießscharten es unmöglich, unbemerkt an der preußischen Zollstation vorbeizukommen. Hier wurden ab 1871 Handelsschiffer zur Kasse gebeten, bevor sie auch nur einen Fuß in die Stadt setzen konnten. Heute bilden im Sommer Freiwillige vor dem Haus eine Schlange. Denn das Gefrorene vom Alten Zollhaus hat schon Kultstatus. Auf zwei Etagen beherbergt das preußische Backsteingebäude in seinem Inneren liebevoll sanierte Ferienwohnungen für zwei bis vier Personen.

Altes Zollhaus

Badenstraße 26
18439 Stralsund
Tel.: 03831 346654
www.altes-zollhaus-stralsund.de

Soft- oder Kugeleis mit allerlei „Accessoires"

78 Über sieben Brücken …

Fußgängerbrücke
Neue Badenstraße
18439 Stralsund
www.stralsund.de

Die Badenbrücke war die erste handbediente eiserne Drehbrücke, sie entstand 1870. **Damals legten die Schiffe, die regelmäßig von der Grahler Fähre auf Rügen kamen, direkt daneben an.** Bei dem Bombenangriff auf Stralsund am 28. Oktober 1944 wurde die Brücke zerstört. Um den Verkehr zu gewährleisten, wurde zunächst der Kanal mit Trümmerschutt aufgefüllt. Erst 1968 baggerte man die Wasserstraße wieder frei und baute eine feste Brücke. 2002 wurde sie durch eine bewegliche Brücke ersetzt, die nur bei Bedarf öffnet.

Die Badenbrücke während einer Tanzaufführung

Fischbrötchen muss sein

79

Ob eingelegt, geräuchert oder gebacken – den Fisch als Imbiss zu nehmen hat Tradition. Im Stralsunder Hafen geht es fast nur ums Fischbrötchen. In der Fischhalle ist die Auswahl geradezu atemberaubend. Man findet auch außergewöhnliche Spezialitäten wie Dorschwurst oder eingelegte Algen. An den Fischkuttern, die in den Kanälen liegen und festmachen, gibt es selbstgeräucherte Fische, Fish & Chips wie in England und natürlich auch eingelegte Filets auf frischen Brötchen. Jede und jeder hat da so sein Geheimrezept. Gegessen wird aber jedenfalls draußen, wenn alles stimmt bei Möwengeschrei und einer frischen Brise.

Fischhalle

Neue Badenstraße 2
18439 Stralsund
Tel.: 03831 278366

Fischkutter „Free Willy"

www.fischkutter-stralsund24.de

Matjes, Bismark oder kalt geräucherter Lachs?

80 Ein stiller Winkel mit Geschichte

Heilgeistkirche
Frankendamm 42
18439 Stralsund
www.heilgeist-stralsund.de

Hinter der Heilgeistkirche liegt versteckt ein kleines Wohnviertel, das früher als „Heilgeistkloster" bezeichnet wurde. Es war im eigentlichen Sinne kein Kloster, sondern ein Spital, das vor allem die ärmere Bevölkerungsschicht und alte Leute aufnahm. **Es wurde zu Hochzeiten der Hanse, also ab Anfang des 14. Jahrhunderts, städtisch verwaltet.** Für seinen Betrieb kamen die Stralsunder Kaufleute freiwillig mit Geld- und Sachspenden auf. Die zeilenweise angeordneten Fachwerkhäuser stammen aus dem 18. und 19. Jahrhundert. Zwischen ihnen gibt es einen wunderbaren, windgeschützten Platz mit einigen Bänken.

Ein Idyll mitten in der Altstadt

Pusteblumen mit Tiefenwirkung

81

Zwar legt es der Name des Ladens nahe, aber in Wirklichkeit kommt der Ton für diese Keramik nicht aus dem Meer. Doch das breite Sortiment hat bei aller Vielgestalt und -farbe dennoch etwas Bestimmtes: Die Farben haben eine besondere Tiefenwirkung, denn die Dekoration ist zwei- bis dreifach eingebrannt. **Diesen Effekt erzeugen die beiden Geschäftspartnerinnen mithilfe einer Engobe.** Das ist in Wasser geschlemmter Ton, den die beiden Keramikerinnen bereits in dieser ersten Phase mit Farbpigmenten anreichern. Danach tragen sie die Motive mit Pinsel und Schwämmchen mehrmals auf, anschließend brennen sie die Stücke zwei bis drei Mal.

MeeresTon Keramikatelier
An der Fährbrücke 1 a
18439 Stralsund
Tel.: 03831 671716
www.meereston.de

Die gleichberechtigten Inhaberinnen Anja Schubert und Christel Hoff

82 Beste Sitzplätze im Hafen

Hafenamt
Hafenstraße 50
18439 Stralsund
Tel.: 03831 253630

Einfach mal ausruhen, ohne etwas trinken oder essen zu müssen. Angesichts des übermäßigen Angebots an Gastronomie und Fisch-Imbiss scheint das im Hafen gar nicht so einfach zu sein. Es gibt aber eine Möglichkeit in erstklassiger Lage: **Auf der Steinernen Fischerbrücke stehen einige Bänke in prallem Sonnenschein, vis-à-vis von Gorch Fock und dem Lotsenhaus.** In der ehemaligen Lotsenwache ist heute das Hafenamt untergebracht. Der turmartige, zweigeschossige Backsteinbau hat bis zu zwei Meter dicke Wände. Die Stralsunder Baufirmen Theichen und Mackenthun & Sohn errichteten das Haus 1901 in sagenhaften drei Monaten.

Heute befindet sich die Hafenmeisterei im Lotsenhaus

Kleine Schwester der Ziegelgrabenbrücke

83

Wie kommt das Schiff in die Buddel? Oder der Segler in den Hafenkanal? Rund fünf Mal täglich klappt die Stahlbrücke am Querkanal auf, um Boote mit hohen Aufbauten oder Masten hindurchzulassen. Als einseitige Zugbrücke wurde sie 1932 gebaut, damals noch mit Schienen versehen. Denn über sie rollte die Trajekt-Bahn, die täglich nach Rügen verschifft wurde. Doch die Technisierung schritt eilig voran. Nur vier Jahre später, 1936, fuhr der erste Zug selbstständig über den Rügendamm. **Die Querkanalklappbrücke passieren seither nur Menschen zu Fuß, mit dem Rad oder dem Auto.** Die Brücke ist ein eingetragenes technisches Denkmal.

Querkanalbrücke
Am Querkanal
18439 Stralsund
Brückenöffnungszeiten:
www.stralsund.de

Gebaut wurde diese Brücke für die Trajekt-Bahn

84

Ein Hotelschiff an Land

Hotel Kontorhaus Stralsund
Am Querkanal 1
18439 Stralsund
Tel.: 03831 289800
www.hotel-kontorhaus-stralsund.de

Das Hotel „Kontorhaus" scheint zwischen Land und Wasser angesiedelt zu sein. Einerseits weil das Haus direkt am Querkanal steht und viele Zimmer einen tollen Wasserblick gewähren. Auf der anderen Seite, weil die Innenausstattung aufmerken lässt. **Schon in dem holzvertäfelten Korridor kann man sich fragen, wo man sich hier eigentlich befindet.** An Land oder auf einem Schiff? Die Zimmertür verstärkt den Eindruck. Keine Nummer, sondern „Gorch Fock" steht da geschrieben. Tatsächlich gestaltete ein Spezialist für Zimmer-Ausbauten auf Luxus-Kreuzfahrtschiffen, Reiner Gehr, die Innenausstattung des Hotels.

In der obersten Etage befinden sich Ferienwohnungen

Hier sind Dinge gut aufgehoben

85

Parkhaus Am Ozeaneum

Am Langenkanal 6
18439 Stralsund

Das 1914 in verputzter Skelettbauweise errichtete Silo III überragt mit seinen acht Geschossen die anderen Gebäude am Langenkanal bei weitem. Wenn auch etwas abseits der anderen Silos, gehört das denkmalgeschützte Gebäude zum Ensemble der Speicher auf der Hafeninsel und prägt die Silhouette der Stadt. Frühmorgens entfaltet sich hier die besondere Atmosphäre entlang dem Langenkanal, dem eigentlichen „Stadthafen" der Hansestadt. Das Parkhaus „Am Ozeaneum" wurde zeitgleich mit dem Ozeaneum 2008 errichtet. Es hat 500 Parkplätze auf fünf Ebenen. Die Hafeninsel und die Altstadt sind in fußläufiger Nähe zu erreichen.

In Nachbarschaft: Alter und neuer Funktionsbau

86 Nicht nur für Landratten

Zum Goldenen Anker und Tanzbar „Werkstatt"
Fährbrücke 8
18439 Stralsund

Hinter dem Schiff „Gorch Fock" gelegen und kaum ein paar Meter vom Wasser entfernt. Mit Blick über den Seglerhafen und bis nach Rügen hinüber. Das erfreut das Herz eines jeden Seefahrers. **Dazu hat die Hafenkneipe allerlei „Gedöns" an den Wänden: Netze, Pfänder, Taue.** Aber draußen ist es am schönsten, eben direkt an der Waterkant. Hier gibt es Störtebeker-Bier, Cocktails, Schnaps und Co bei zünftiger Seemannsmusik von Hans Albers aus der Musikbox. Rock und Pop zum Tanzen legt ein DJ in der benachbarten „Werkstatt" am Wochenende auf.

Links der Yachthafen, geradezu der Fähranleger

Neues Altes und altes Neues

87

2002 nahm die UNESCO die Stralsunder Altstadt in die Liste des Welterbes auf. Ganze Straßenzüge historischer Gebäude aus 800 Jahren Stadtgeschichte hatten das 20. Jahrhundert in der Hansestadt überdauert. Einerseits blieben sie, im Vergleich zu anderen Städten, von den Bomben im Zweiten Weltkrieg weitgehend verschont. Andererseits genossen sie die Gunst des DDR-Standorts, denn im Westen wütete ab den 1960ern der „Erneuerungsfanatismus". **Ein kilometerlanger Sanierungsstau wurde, dank der Aufnahme der UNESCO, mit Bedacht aufgelöst.** Dem „Stralsunder-Altstadt-Stil" beugen sich heute auch Neubauten, die zurückhaltend eingefügt werden.

Welterbe-Ausstellung
Ossenreyer Straße 1
18439 Stralsund
www.wismar-stralsund.de

Historische Fassaden in neuen Farben

88 Überzeugung und Glaube

Ernst-Thälmann-Denkmal
Sundpromenade auf Höhe Gerhard-Hauptmann-Straße
18435 Stralsund

Zu DDR-Zeiten wurde der KPD-Vorsitzende Ernst Thälmann (1886–1944) als Märtyrer verehrt. Aus einfachen Verhältnissen stammend, trat der Hamburger aus innerster Überzeugung erst in die SPD, dann in die Kommunistische Partei Deutschlands (KPD) ein. Von 1925 bis zu seiner illegalen Verhaftung 1933 (im Zuge der Massenverhaftungen aufgrund des Reichstagsbrandes) war er Parteivorsitzender. **Elf Jahre saß er in Einzelhaft, bevor er im Konzentrationslager Buchenwald erschossen wurde.** Nach der Wende beschloss die Stadt Stralsund, das Denkmal an der Promenade zu erhalten.

„Wir sagen, um Brot und Freiheit müsst ihr kämpfen!"

Zurück zu den Wurzeln

89

Am 28. August 1834 eröffnete das Stadttheater am Alten Markt mit den Lustspielen „Stille Wasser sind tief". Doch in den folgenden Jahren stellte sich immer mehr „Pfusch am Bau" heraus, und 1912 wurde das Gebäude schließlich baupolizeilich gesperrt. Daraufhin ließ die Stadt den Neubau am Olof-Palme-Platz auf 800 Holzpfählen errichten. Zur Eröffnung 1916 gab es den „Prinzen von Homburg" zu sehen. **Die Besonderheit ist der Zuschauerraum, vor allem die gestaffelten Logen, die „Schwalbennester"**, die der Kölner Architekt Carl Moritz (1863–1944) konzipierte. Nach vielen Renovierungen wurde das Theater 2008 in seinen Urzustand zurückversetzt.

Theater Stralsund
Olof-Palme-Platz 6
18439 Stralsund
Tel.: 03831 26460
www.theater-vorpommern.de

Dieses Theater wurde vor rund 100 Jahren eröffnet

90 Back-Handwerk

Bäckerei Krämer
Frankendamm 66
und Große Parower Straße 26
und Robert-Koch-Straße 14
18439 Stralsund
Tel.: 03831 294538

Aus Fernost werden täglich Halbfertiglinge eingeflogen und von Bäckereifachverkäuferinnen in einer Filiale der Kette kurz in die Röhre geschoben. Optisch können diese Brötchen überzeugen, aber geschmacklich? **Wer nicht nur mit den Augen isst, findet in Stralsund noch eine Bäckerei, die vor Ort herstellt.** Gebacken wird in der Robert-Koch-Straße in Stralsund. Neben Brötchen, Hörnchen, etc. und leckerem Brot gibt es unwiderstehlichen Streuselkuchen wie von Oma. In den drei Läden sollten die Einkäufe vormittags getätigt werden, sonst sind die Regale bereits leer.

Hier gibt es nicht nur im Schaufenster „echtes" Brot

Baden im Sund

91

Vom Olof-Palme-Platz aus 1,2 Kilometer auf der Sundpromenade entlang, erreicht man den Stralsunder Strand. Schon seit 1922 besitzen die Hansestädterinnen und -städter ihr eigenes Strandbad. Mal mit Spundwänden und schmalen Stegen darauf, mal mit Sand von Hiddensee aufgeschüttet – Umbauten nach den zeitgemäßen Bedürfnissen gab es oft. Zuletzt im Jahr 2011, inzwischen mit einer großzügig bemessenen Sandfläche von 45.000 Quadratmetern, barrierefreiem Zugang zum Wasser, einem Kinderspielplatz und Sitzmöglichkeiten auf Bänken oder in mietbaren Strandkörben. Ein schöner Fleck zum Verweilen. Der Eintritt ist frei.

Stralsunder Strandbad

Sundpromenade 5 a
18435 Stralsund
www.stralsund.de

Strandleben ohne Meeresrauschen

92

Die wandernde Mühle

Mahnkesche Mühle im Zoo Stralsund

Grünhufer Bogen 2 a
18437 Stralsund
Tel.: 03831 253480
www.zoo.stralsund.de

Die Mahnkeschen Wiesen nahe der Rügenbrücke sind ein beliebter Parkplatz. Rund vier Kilometer Luftlinie entfernt, am Grünhufer Bogen, steht die Mahnkesche Mühle. Eine zufällige Namensgleichheit? Nein. Die letzte historische Mühle Stralsunds, eine Erdholländermühle von 1882, hatte ihren Standort auf den Mahnkeschen Wiesen. Bis 1968 wurde sie dort betrieben. Als ein Brand 1980 Teile zerstörte, verfiel sie. Im Juni 2005 war kaum etwas von ihr übrig. Das wenige wurde 2006 abgetragen und über sechs Jahre originalgetreu wiederaufgebaut. Heute steht sie im Bauerngarten des Zoos. Das Mahlwerk in ihrem Inneren zeigt eindrücklich, wie mit Windkraft aus Korn Mehl wird.

Esel und Mühle: eine märchenhafte Verbindung

Schöner warten

93

Buswartehäuschen aus der DDR, damals passend zu den Neubauten, verströmen heute die Tristesse eines reinen Pragmatismus und es gibt wohl niemanden, der hier gerne wartet. Mit einem Konzept mit dem pfiffigen Titel „schöner warten" trat die Jugendkunstschule e. V., die ihren Sitz im Speicher am Katharinenberg hat, an die Stadt heran. **Und kurze Zeit später sprayten Jugendliche unter Anleitung fantasievolle bunte Meergetiere** – Fische mit Dreadlocks und verschlungene Ornamente – an die Innenseiten von zwölf DDR-Fertigbauten. Jetzt ist das Warten um einiges schöner.

Buswartehäuser mit Graffiti

In der Barther Straße, Großen Parower Straße, Prohner Straße

Ein DDR-Standard mit individueller Note

94 Rettung des traditionellen Standorts

Fisch & Imbiss am Sund

Carl-Heydemann-Ring 91
18437 Stralsund

Der, abseits der Touristenströme, hinter dem Hauptbahnhof gelegene Fischladen hat Frischfisch sowie hausgemachte Bratheringe und Fischsalate hausgemacht. Auch ein täglicher Mittagstisch an Stehtischen wird angeboten. Der nüchterne Verkaufsraum ohne Fischernetzromantik und das saisonale, eher schmale Sortiment erinnern daran, dass dies in der DDR der Genossenschafts-Fischladen war. 2023 übernahm ein neuer Besitzer das Geschäft und führt nun den traditionellen Standort weiter. Wer das Besondere sucht, der wird es hier montags bis freitags zwischen 9 und 16 Uhr und am Samstag von 8 bis 12.30 Uhr finden.

Regional und saisonal – hier gibt es das schon lange

Bio-Proviant am Bahnhof

95

Schon vor der Tür stapeln sich die Kisten voll mit frischen Kräutern und leuchtend orangen Kürbissen. Im Vorraum dann eine große Vielfalt von Gemüse- und Obstsorten, alles in Bioqualität. Der Naturkostladen am Bahnhof bietet auf kleinstem Raum ein Bio-Vollsortiment inclusive regionalem Käse und Backwaren an. Neben den Stammkunden und und -kundinnen kaufen hier vor allem Bahnreisende ihren Proviant. Davon zeugt die große Getränkeauswahl im Hinterzimmer. Auch bietet dieser sympathische Laden mit großzügigen Öffnungszeiten (tägl. 7–19 Uhr) und durchkalkulierten Preisen Suppen sowie herzhafte und süße Speisen zum Mitnehmen.

Bio-Insel Stralsund
Triebseer Damm 75
18437 Stralsund
Tel.: 03831 666072
www.bioinsel.net

Große Auswahl auf kleinstem Raum

96 Strandausflug übers Wasser

Weiße Flotte
Fährstraße 16
18439 Stralsund
Tel.: 03831 26810
www.weisse-flotte.de

Ab Mitte April bis November gibt es neben den zwei Strelasund-Querungen noch eine besondere Art das Ufer auf der anderen Seite zu erreichen. In der Nebensaison vier Mal, in der Hauptsaison bis zu acht Mal täglich pendelt eine Fähre zwischen dem Stralsunder Hafen und Altefähr auf der Rügen-Seite. Und das Seebad Altefähr hat für alle Badehungigen einen kleinen Strand, zwei Zugänge über Leitern und eine Rollstuhlgerechte Rampe in den Sund zu bieten. **Nach Anmeldung beim Hafenmeister kann man ein Feuer an der dafür vorgesehenen Stelle machen.** Oder einfach auf den sehr bequemen, drehbaren Liegestühlen die Sonne genießen.

Nur eine viertel Stunde dauert die Fahrt über den Sund

Inmitten der Natur

97

Ein Ausflug von Stralsund auf die rund zehn Kilometer entfernte Halbinsel Drigge auf Rügen lohnt sich für alle, die mal „raus" wollen. **Der Mischwald an der Steilküste ist ein ideales Wandergebiet, im Herbst kann man Pilze sammeln.** In der Senke davor ist im Jahr 2011 ein kleiner Naturhafen gebaut worden. 150 Liegeplätze mit Strom-, Wasseranschluss und WLAN inmitten von Schilf und Wald gibt es hier. Ein Kiosk mit Bistro sichert die Eis- und Getränkeversorgung, auch für durstige Wandernde. Ansonsten kann man das einfache Dasein genießen – Schilfrauschen, Vogelstimmen, Ästeknacken und Laubgeraschel.

Naturhafen Gustow
Am Yachthafen
Drigge 2
18574 Gustow
www.pommern
charter.de

Vollmond über Drigge von der Rügenbrücke aus

98 Unbekanntes Hinterland auf Rügen

Bio-Insel in Gustow
www.kransdorf.de

Milchladen in Poseritz
www.ruegener-inselfrische.de

Puddeminer Hafenrestaurant
www.ferienwohnungen-puddemin.de

Wer kennt sie nicht: die Selliner Seebrücke, das Binzer Kurhaus oder den Königsstuhl im Nationalpark Jasmund? Jede und jeder. Aber wer hat schon mal das ländliche Flair von Südrügen genossen? Kaum jemand. Wege über Felder und Wiesen, am Ufer entlang oder durch den Schilfgürtel verbergen sich südlich der Alten Bäderstraße L29. **Inzwischen kann sich die Region zwischen Altefähr und Putbus stolzer 250 Kilometer Radweg rühmen.** Mit gemütlichen Stopps, beispielsweise im Bioladen in Gustow, im Milchladen in Poseritz oder im Puddeminer Hafenrestaurant. Ein Ausflug von Stralsund aus lohnt sich also auf jeden Fall.

Ein Feldrand zwischen Gustow und Kransdorf im Juni

Ausflug aus der Stadt

99

Devin, ausgesprochen „Defien", liegt in Richtung Greifswald direkt am Strelasund. Bis 1928 war der Ort eigenständig. Die Dorfstruktur mit Höfen und Gütern ist noch heute klar erkennbar. **Am Ende der Dorfstraße umgibt ein Buchenwald das historische Kurhaus, in dem sich ein Hotel mit Gastronomie befindet.** An den kleinen, etwas steinigen Strand schließt sich eine Seebrücke an, die weit in den Sund hineinreicht. Von hier aus sieht man die Rügen vorgelagerten Inseln Drigge und Prosnitz. Am Wochenende ist neben Devin auch Barhöft, auf der anderen Seite der Stadt gelegen, ein klassisches Naherholungsziel.

Kurhaus Devin
Deviner Park 1
18439 Stralsund
Tel.: 03831 66763
www.kurhaus-devin.de

Der Steindamm führt zu der 2011 errichteten Seebrücke

Sandra Pixberg, Kulturwissenschaftlerin, lebt seit 2002 auf Rügen. Die Autorin veröffentlichte Romane, eine historische Biografie und mehrere Reiseführer über Rügen und die Nachbarinseln. Im Mitteldeutschen Verlag erschienen „Rügen – 99 Besonderheiten der Insel" und der historische Rügenroman „Das Orakel von Jasmund" (2022).

Der Verlag und die Autorin freuen sich über Ihre Hinweise:
info@mitteldeutscherverlag.de

Haftungsausschluss
Die Angaben in diesem Reiseführer wurden gewissenhaft überprüft. Für die Aktualität, Korrektheit und Vollständigkeit übernimmt die Autorin keine Haftung. Die Autorin distanziert sich aus rechtlichen Gründen von allen Inhalten der aufgeführten Internetseiten. Auf aktuelle und zukünftige Gestaltung, die Inhalte oder Urheberschaft der angeführten Internetseiten hat die Autorin keinen Einfluss.

Fotografien: Sandra Pixberg, außer: S. 8: aus Gorch Fock: „Sterne überm Meer", Hamburg 1917; S. 18: Stadtarchiv Stralsund; S. 36: Hansestadt Stralsund/ Christian Rödel; S. 53: Christian Grothmann; S. 54: Steffen Meißner; S. 66, 86, 94 o.,124, 151: Hansestadt Stralsund; S. 72 u.: Christian Klette; S. 82, 88: Laila Pixberg; S. 132: Pension Altstadt Mönch; S. 134: René Klinger; S. 141: Erik Witt

2., aktualisierte Auflage 2023

www.mitteldeutscherverlag.de

Gesamtherstellung: Mitteldeutscher Verlag, Halle (Saale)

ISBN 978-3-96311-776-3

Printed in the EU